60歳からは悩まない・迷わない・へこまない

精神科医だから知っている『老後うつ』とは無縁の暮らし方

精神科医
保坂隆

主婦と生活社

認知症より怖い⁉ 幸福感のない「老後うつ」が急増中

最近、シニアの間で「老人性うつ」が急増しています。

ちなみに、60歳以上でうつ病の治療を受けている人は40万人以上に達するというデータもあります。また、厚生労働省によると、65歳以上の高齢者のうちの31・7％が気分障害（うつ病、双極性障害など）だといいます。

実際に、**「認知症よりもうつが怖い」**という高齢の方の話をよく耳にします。記憶も意識もはっきりしていて体もまだ動くにもかかわらず、生きるのがつらくて幸福感が得られないなど、著しく生活の質（ＱＯＬ）を損なってしまうことがあるからです。

それだけでなく、「うつ状態」を放置すると、「ひきこもりがち」→「外界との交流がなくなる」→「足腰が弱まりロコモティブシンドローム」→「認知症&寝たきり」の悪循環にはまってしまいます。

そうならないためにも、まだ動けるうちにメンタルを健康に保つ習慣を身につけておくことが重要になってきます。

原因がわかりにくいから、解決の糸口も見つけにくい

「うつ」は年齢に関係なく発症する心の不調ですが、シニアの場合は、

- 定年で社会とのつながりを失う
- パートナーや友人の死

- 子どもが独立して疎遠になる
- 時間を持て余す

といったことから、うつ状態になりやすいといわれています。

そして、高齢者がうつ状態に陥る理由はそればかりではありません。多くの場合、原因はむしろ「自分の中」にあります。

たとえば、年を取ったことを受け入れられない人は、「白髪が増えてめっきり老け込んだ」「以前より歩くのが遅くなった」「気力が湧かなくなった」など、**加齢によるごく当たり前の変化を「つらいこと」だと感じて**しまいます。

また、「病気になったらどうしよう」「伴侶に先立たれたら、誰を頼ればいいのだろう」「年金だけでお金は足りるのか」など、**どうなるかわからない行く末に不安ばかりを抱き、心を悩ませてしまう**のです。

こういう状態を、本書では「老後うつ」と命名し、どう対処したらいいのか、その具体策を提示していきます。

あなたの不安やモヤモヤを一掃する「心の内視鏡」

実は、こうした「不安感」のほとんどは物事の考え方や心の持ち方をちょっと変えてみるだけで、少しずつ解消していくものなのです。**原因が自分の中にあるのと同様に、解決策も自分の心の中にある**のです。

本書では、高齢者のあらゆる不安やモヤモヤへの対処法を、具体的に提示していきます。たとえば、

- 頑固な老人にならないためには？
- どうしたら地域に溶け込めるのか？
- 落ち込んだ気分を奮い立たせるには？

●「老後うつ」に効く運動とは？
●お金がなくてもできることとは？
●配偶者の死にどう対応するか？
……などです。

いってみれば、本書はあなたの心の中の不安を探し当て、それらを一掃する**「心の内視鏡」**です。どうぞ本書を末永くお手元に置いて、穏やかで晴れやかな老後をお過ごしください。

2024年5月
保坂 隆

もくじ

第3章 「老後うつ」の危険信号を見逃さないためにできること

第4章 軽い運動と食事で元気な暮らしをあと20年！

第5章 気をつけたいお金への対し方 「老後の落とし穴」にご用心

□ 朝、起きるのがつらくなった

□ 最近、声が聞きとりにくいとよく言われる

□ ものや人への興味や関心がなくなった

□ 以前よりも疲れやすくなった

□ 落ち込むことが多くなった

□ 涙もろくなった

□ 仕事や家事に、以前ほど集中できなくなった

□「世の中から消えてしまいたい」と思うことがある

□「自分には生きている価値がない」と感じてしまうことがある

□ 失敗したことを気に病むことが多くなった

□「○○すべきだ」「ねばならない」にこだわるタイプだ

□ 以前よりも睡眠が浅くなった

解説

うつ病にはいわゆる「典型的な初期症状」というものはありません。それは「老後うつ」でも同様です。ですが、ここに挙げたような症状（現象）が 10 個以上、頻繁に起こるようになったら要注意といえるでしょう。また、7 個以上あって、それが 2 週間以上続く場合は、いちど専門医に診てもらったほうがいいかもしれません。

あなたは大丈夫？
「老後うつ」チェックリスト

「そうだ」と思うものにチェックを入れてください。
いくつあてはまりますか？

- □「人はこうでなければならない」という〝強迫観念〟が強い
- □ 最近、やる気がまったく起こらない
- □（町内会の雑務など）やるべきことがたくさんあり、気持ち的に切羽詰まっている
- □ 理由もなく不安感にさいなまれている
- □ 人に会いたくない
- □ 前は楽しかったことが楽しめなくなった
- □ すぐカッとするようになった
- □ イライラすることが多くなった
- □ 物事を悪いほう悪いほうへと考えてしまう
- □ 最近、声を出して笑ったことがない
- □ 最近、毎日が楽しくない
- □ 最近、頭痛が起きることが多くなった
- □ このところ、明らかに食欲が落ちている
- □ 下痢が続いている
- □ 夫（親しい人 or 妻）に暴言を吐いた

第1章

60歳からの合言葉は「頑張らない」「無理をしない」

定年後も途方もない時間が残されている

日本の歴史に登場する人物のなかで、抜群の人気を誇るのが織田信長です。桶狭間《おけはざま》の戦いを前にして「人間五十年、下天のうちを比ぶれば、夢幻の如くなり」と謡《うた》いながら舞ったという話はあまりにも有名です。そのため、信長の言葉と思われているようですが、実は『敦盛《あつもり》』という演目の舞で、信長以前からあった言葉でした。

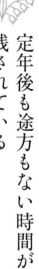

もうひとつ、この言葉について誤解されているのが「人の一生は50年に過ぎず、淡い夢のようなものだ」という解釈です。

このことから、信長が生きた安土桃山時代の平均寿命が50歳前後とも思われているようですが、実際にはそれよりもはるかに短く、30代だったといわれています。

ちなみに、信長が本能寺の変で自害に追い込まれたのは48歳とされ、当時としては長命だったことになります。

その後も日本人の寿命は伸び悩み、平均寿命が50歳を超えたのは、太平洋戦争が終わった直後の1947年でした（平均寿命が短い男性の場合）。つまり、20年ほど寿命を延ばすのに400年近くもかかったのです。

ところが、男女ともに平均寿命が80歳を超えたのは2013年。平均寿命50歳から寿命を30年延ばすのには66年しかかかっていません。

このような**寿命の延びは今後も続くと考えられ、2050年には女性が90歳、男性も84歳を超えると予想**されています。

つまり、シニアに残された時間は増える一方なのです。

総務省統計局の「社会生活基本調査」によると、60歳で定年退職した場合の「残された自由時間」はおよそ8万時間に達するそうです。２０２１年4月からはいわゆる「70歳定年法」が施行されたので、70歳まで現役生活を続ける人が多くなっています。その後、85歳まで生きた場合の「残された自由時間」はおよそ5万時間になります。

8万時間よりは短くなりましたが、それでも途方もない時間です。どれだけ途方もないかというと、小学校6年間と中学校3年間の義務教育に費やされる時間は1万時間弱といわれていますし、どんなことでも1万時間続ければプロになれるという「**1万時間の法則**」もあります。

つまり、**70歳で定年退職した後も、義務教育を5回繰り返すか、5種類の異なった分野でプロになれるだけの時間が残されている**ということです。

60歳で定年を迎え、何をしようかと思い悩み、焦ったあげくにうつっぽくなってしまう人も、ときたま見かけますが、時間はたっぷり残されているのです。じっくりと「これから何をしよう」と考えてみてはいかがですか。それは今までにないぜいたくな時間だと思います。

努力するのは「どうにかなること」だけでいい

内閣府がおこなった「高齢者の日常生活に関する意識調査」(2014年度)によると、「(将来の日常生活に)特に不安を感じない」と答えた人の割合はわずか1・7%だったのに対し、3分の2以上の人が「自分や配偶者の健康や病気のことが不安」と答えています。

超高齢化が進む日本では、2025年には65歳以上のシニアの5人に1人が認知症になると推計されていますし、新型コロナウイルスのような新しい感染症の流行も記憶に新しいですから、健康に不安を感じるのは当然といってもいいでしょう。

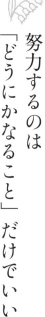

だからといって、不安になりすぎるのも考えものだと思います。かかるか、かからないかわからない病気に怯《おび》えながら、びくびく暮らしていると、「コルチゾール」という悪玉ホルモンの分泌量がどんどん増えて、免疫力は衰える一方です。

その結果、かえって病気にかかりやすくなってしまいます。つまり、**人生には「どうにもならないこともある」と考えることも必要**なのです。

だからといって、無頓着でいいわけではありません。人生には「どうにかなること」もたくさんあります。たとえば、喫煙者なら、今からでもたばこをやめれば、がんの発症を防げるかもしれません。また、毎日体を動かしたり、頭を使ったりしていれば、寝たきりや認知症、老後うつになるリスクを減らすことができます。

「孤独」も同様です。自ら望んで孤独に生きているならいいのですが、「友だちがいなくてつらい」とか「ひとり暮らしが寂しい」という感情にさいなまれている人も少なくないと思います。これは、「出会いのチャンス」をつくることに無頓着なために起きてしまったことで、自ら行動を起こせば「なんとかなる」ことではないでしょうか。

とにかく、**「どうにもならないこと」に対しては達観し、「どうにかなること」に努力を向けるのが、心豊かに暮らすためには大切**だと思います。

人生を無駄にする ふたつの生き方とは

「寂しい」というのは、心が満たされず、もの悲しい感情です。人生経験豊富なシニアなら、一度や二度は「寂しい」経験をしたことがあるはずです。

「家族と一緒に暮らしているから大丈夫」「友人がたくさんいるから寂しくない」と反論する人もいるでしょうが、たとえ人に囲まれていても、寂しさを感じることはあるのではないでしょうか。

家族と一緒に暮らしていても、性格的に合う・合わないはあるでしょう。たとえ自分の子どもとの間でも、子どもが大きくなれば「遠慮して言いたいことが言えない」関係になっているかもしれません。

また、友人がたくさんいるといっても、人生後半になってからできた友人は、竹馬《ちくば》の友とは違って、ある程度遠慮しながらつき合うのではないでしょうか。もし、一切の遠慮なしにつき合っていたら、かえって相手から敬遠されて寂しい思いをすることになるかもしれません。

こうした**寂しさを解消するために絶対やってはいけないのが、お酒に頼ること**。「若いころからお酒をほとんど飲まなかったから大丈夫」と思っている人でも、シニアになってから寂しさを紛《まぎ》らわすためにお酒を飲み始め、アルコール依存症になる人が少なくありません。

シニアは、体内の水分量が若い人より少なく、若いころと同じ酒量でも血中アルコール濃度が高くなりがちです。

そのうえ、加齢にともない肝臓の働きも低下して、アルコールが分解されにくくなります。わずかな飲酒量でもアルコール依存症になりやすいのです。

ちなみに、あるアルコール依存症専門治療病院を受診した新規患者のうちシニアの占める割合は、過去10年間で9ポイントも増え、24・3％に達しているそうです。

さらに、**シニアが継続的に大量飲酒を続けていると、認知症のリスクが4倍以上、うつ病のリスクが3倍以上に急増する**という調査結果もありますから、「寂しさをお酒で紛らわす」のは絶対にやめるべきです。


ところで、女性には違った解消パターンが見られます。「寂しさを買い物で紛らわす」というケースが多いのです。

現在60〜80歳代の人というのは、バブル時代の「消費は善である」という価値観のなかに身を置いてきたため、衝動買いの誘惑に弱いところがあります。買い物をすると快感を覚えるという人もいて、その快感を再体験したいために必要のないものまで買い込んでしまう「**買い物依存**」に陥る人が少なくないのです。

また、このタイプは、巧みな言葉で法外な価格の商品を売りつける悪徳商法の標的にもなりやすいことがわかっています。騙されていると薄々気がついても、「セールスマンとの会話が楽しかったから、『いらない』と言えなかった」という人さえいます。つまり、寂しさを紛らわすためにわざと騙されたということです。

こんな気持ちで老後の資金を注ぎ込んでしまったシニアもいるのです。

過度な飲酒も不要な買い物も、原因は「寂しさ」にありますから、「飲んじゃダメ」「買っちゃダメ」と言われただけでは収まりません。それよりも大切なのは、根本にある寂しさを解消することです。

そのヒントになるのが、イギリスのBBCがおこなった大規模調査です。BBCは2018年のバレンタインデーに、孤独に関するオンライン調査を実施しました。参加者の数は世界中からなんと5万5000人！　これによると、実際に役に立った寂しさの解消法として最も多かったのは「**仕事や勉強、趣味に時間をかけること**」だったそうです。

ありふれた結果かもしれませんが、無駄な飲酒や買い物と違って、人生にとってもプラスになることばかり。今度、寂しさを感じたときには、新たな仕事や勉強、趣味に没頭してみてはいかがでしょうか。

できなくなるのは「する必要がなくなった」から

年齢を重ねると当然、若いころにできたことができなくなります。高校生のころなら50メートルを7秒台で走れた人でも、80歳でそのタイムをキープできる人はいません。

また、若いころなら回転寿司を一気に30皿食べられた人も、60歳を超えたらそんな無茶な食べ方はできなくなるはずです。

しかし、それを気に病む必要がどこにあるのでしょうか。どこにもありませんね。**年齢を重ねて何かができなくなるのは、考え方を変えれば、「する必要がなくなった」から**です。

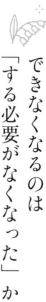

何もスポーツ選手のように走れなくても、信号が赤になる前に横断歩道を渡り切れれば問題ありません。また、あわててトイレに駆け込む必要がないように、行きたくなる前に用を足しておけばいいのです。

さらに早食いや食べすぎは、シニアに限らず体に毒です。少量をゆっくりと時間をかけて食べることは、かえって体にいいはずです。

しかし、残念なことに「できなくなった」という事実だけに目を向けて、自分自身が嫌いになってしまう人がいます。

自分自身が嫌いな人は、自分を大切にしません。そして、自分を大切にしない人が他人に対してやさしくできるわけがありませんから、だんだん周囲の人からも敬遠されるようになるのです。

周囲に疎《うと》まれれば、そんな自分がますます嫌いになるという負の連鎖に巻き込まれ、苦しみから抜け出られなくなります。それでは生きていても楽しいことはありませんね。

その逆で、自分自身が好きな人は毎日が楽しく輝いています。**自分が好きだから自分を大切にし、他人にも親切にする**余裕が生まれるのです。

どうしたら自分のことを好きになれるのか

では、どうしたら「自分のことを好きな自分」になれるのでしょうか。

まず、自分を認めてあげることから始めましょう。

「認める」などと書くと、ひどく難しいような気がするかもしれませんが、簡単なことです。たとえば、自分の足。ちょっと動かしてみてください。そして立ち上がって二、三歩、歩いてみてください。それができたら儲けものです。

「今日も快調に動くな。よしよし、いいぞ」

と指差し確認してみましょう。

高齢になると、足の不調は深刻です。家の中を自由に歩けるだけでも素晴らしいことなのです。

次に、手を握ったり開いたりしてみましょう。ついでに、近くにあるものをつかんでみましょう。それができたら、

「おっ、いいね。ちゃんとつかめるじゃないか、好調、好調」

と口に出してみるのです。

さらに、鏡の前で顔を映してみてください。

口を大きく開けたりすぼめたりしたあとに、笑顔をつくってみましょう。それができたら拍手喝采。鏡の中の自分を指差して、

「いいね。表情筋がちっとも衰えていない、素晴らしい」

そうほめてあげるのです。

笑顔をつくるには気持ちの余裕がなければできないし、表情を失ってしま

ったら、人とのコミュニケーションが困難になります。いや、それ以前に、自分の顔を自分で見ることができるのが素晴らしいのです。

本を手に取って読めるのも素晴らしいし、なんの意識もしなくても呼吸をしているのも素晴らしい。極論すると、**「生きている」、それだけで素晴らしいこと**なのです。

人間は感情の生き物ですから、落ち込んだり、自分が嫌いになってしまったりすることもあるでしょう。しかし、あなたという人間はこの世にたったひとりだけ。何物にも代えがたい価値ある存在なのです。

年齢を重ねると、さまざまな喪失感を味わうかもしれませんが、「生きている自分」の存在価値だけは決して失ってはいけません。**たとえ世界中が敵に回ったとしても、自分だけは自分の味方であり、自分こそが自分の最大の理解者**なのですから。

もう勝ち負けにこだわる必要はない

私の知人は74歳で、将棋のアマチュア三段です。アマチュアというと、ちょっと軽く見られがちかもしれませんが、実際には、素人と将棋を指したらまず誰にも負けないというレベルです。

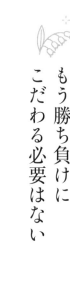

「将棋倶楽部などでいろいろな人と対局するのですが、自分は将棋が強いと思い込んでいる人ほど負けたことに納得しない。だから『もう一番』ということになります。何番やっても結果は同じなのですが、しばらく指して、わざと負けることにしているんです。すると、ご機嫌で帰ってくれますよ」

「わざと」が見抜けない時点で腕の差は歴然なのでしょうが、それよりも私は、彼の「勝ち負けにこだわらない」気持ちに感心しました。

ほとんどの人には「人の上に立ちたい」という気持ちがあります。心理学用語でこれを「権力闘争」といい、この気持ちは年齢とともに強くなっていきます。

以前、たばこのポイ捨てをとがめられた70代の男性が、なんと小学1年生の男の子の首を絞めるという事件が起きました。これなど、「自分のほうが上なのに、立場が逆転しているじゃないか!」という気持ちが高じた結果でしょう。

権力闘争は、年齢や地位が近くても発生します。シニアでいうなら、町内会や同好会などが危険です。闘争に敗れると腹を立ててグループを離脱することが多いようですし、勝っても敵をつくるだけですから、どちらにしても孤独なシニアになってしまいます。

ですので、みんなから好かれたいとまではいかないまでも、**孤独にならないためには、権力闘争（勝ち負け）にこだわらないことが大切**だと思うのです。

勝ち負けにこだわらないようになるには、相手の意見や気持ちを素直に受け入れることです。相手のほうが間違っている場合も食ってかからず、「なるほどね」「そうなんだ」と言って、話を終わらせてしまえばいいのです。

「**権力闘争に加わった時点で負け**」と考えれば、勝ち負けにこだわらない、大らかな気持ちでいられるのではないでしょうか。

あれこれ求めなければストレスはグッと減る

考えてみてください。やる気の原動力になっていたのは何でしょうか。「一番になりたい」「ライバルに負けたくない」という闘争心や、「いい家に住みたい」「尊敬されたい」などという物質的・社会的欲求だったという人もけっこういるはずです。

このような、どちらかというと利己的な原動力を**「外発的モチベーション」**といいます。これはとても強い感情のため、その分、やる気も出ます。

一代で財を成した人の口からは、「あのときの失敗や悔しさがあったからこそ今の自分がある」という話をよく聞くのもそのためです。

しかし、「外発的モチベーション」で突っ走ると、周囲に迷惑をかけたり敵をつくったりしがちです。財を成した人がそのような失敗をせずにすんだのは、**ある時点で「外発的モチベーション」を、社会に貢献し、お世話になった人に感謝したいという目標から生じる「内発的モチベーション」に転換できたため**です。

でも、この転換ができないままシニアになってしまう人も大勢います。まさかみなさんは、近所の人と張り合って、行きたくもない海外旅行へ行ったり、うらやましがられたい一心で無理なローンを組んで高級車を買ったりしていませんよね？　もし心当たりがあるとしたら、転換がうまくいっていないということです。

やりたいことを持ち続けるのは大切ですが、その理由が見栄や闘争心だとしたら、虎の子の老後資金の無駄遣いだし、ストレスも溜まる一方です。

作家の五木寛之さんは、「生きているだけで素晴らしい」と書いています。ウクライナやイランを始めとして、いまだに世界中で戦争や紛争が絶えず、着の身着のままで家や国を追われる人がたくさんいます。そういう人たちから見れば、たとえあなたが古い車に乗っていたとしても、着る服があり食べる物があるのですから、夢のような生活でしょう。

だから、何もなく暮らせることの幸せを知ってほしいと思うのです。それができれば、ストレスは今の半分以下に減っていくでしょう。

孤独とのつき合い方を知れば　ひとり老後も怖くない

内閣府の「令和4年版高齢社会白書」によると、2020年現在、高齢者（65歳以上）の男性の15・0%、女性の22・1%がひとり暮らしだそうです。高齢化は急激に進んでいますから、この割合はさらに加速するでしょう。つまり、「ひとり老後」が当たり前の時代に突入していくわけです。

とはいえ、望んだわけでなく、心ならずもひとり老後になった人もいるでしょう。そんな人は「ひとり老後＝孤独」と考えがちで、周囲の人が見ていられないほどうろたえるようです。

しかし、言うまでもありませんが、**ひとり老後がすなわち孤独というわけ**

ではありません。

ドイツの作家ヘルマン・ヘッセは、『老年の価値』（岡田朝雄訳・朝日出版社刊）という著書で次のように述べています。

「孤独に身を委ねる者は、まもなく孤独になるということです。そして年を取ることに屈服する者は、すぐに年寄りになります」

つまり、孤独になってしまうのは自分の努力が足りないため。孤独にならないよう心がける気持ちが大切だということです。

「でも、私は人見知りだから、そんな努力をするのは難しい」と頭を抱える人もいるでしょう。そう考える人は「孤独にならないためには誰かと親しくなる必要がある」と思い込んでいるのでしょう。

たしかにそれも大切ですが、無理に親しくならなくてもすむ方法はいくらでもあります。

たとえば、**日曜菜園を始めるのもひとつの方法**です。エコロジーが浸透しつつあるおかげか最近はほとんどの自治体で農地を安く貸し出しています。日曜菜園なら、自分の借りた土地でのんびりと野菜をつくるだけ。誰とも話す必要はありません。

自治体によって異なりますが、東京都内の場合、借りられる農地は1坪ほどのことが多いようです。「たった1坪！」と思うかもしれませんが、バカにしたものではありません。植物は1週間手入れをしないだけでもグングン伸びますから、支柱を立ててあげたり、ビニールをかけてあげたりしなければなりません。

そんなとき、育てている植物に向かって「お前も頑張れよ」「放りっぱなしでごめんなさい」などと話しかけると、孤独感は癒されるでしょう。

また、慣れない作業に悪戦苦闘していると、周囲の人が見かねて「支柱はこういうふうに立てたほうがいいですよ」「そろそろ追肥《ついひ》の時期です」などと声をかけてくれるかもしれません。

こうしたきっかけがあれば、いくら人見知りのあなたでも、会話を始められるでしょう。しかも、わからないことを聞くと、相手から好感を持たれやすいので、自然と親しくなれるはずです。

日曜菜園という場所なら、相手とはつかず離れず、適度な距離感を保ちつつ、極端な孤独に陥らないようなつき合いができますよ。

電話をうまく活用して孤独感を少なくする

孤独感を少なくするには、**電話をうまく活用する**のもおすすめです。

女性はよく「何時間でも電話でしゃべれる」といいます。男性がこれを聞くと、「いったい何を話せばそれだけ会話が続くのだろう？」と理解できないようです。

なぜなら男性は、特別なテーマもなしに延々としゃべり続けることが苦手だからです。

でも、「今日は誰とも面と向かって話さなかった」というときには、友人や知人に電話をかけ、たわいのない話をするように心がけてください。**声に**

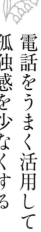

出して話をする機会が減ると、孤独感がどんどん深まってしまいます。

うつや心の病にかかる高齢者が急増していますが、その理由のひとつに声と声でつながる人間関係が希薄になっていることが挙げられます。メールやLINEが浸透して、直接会ったり、電話で話したりしなくても、「コミュニケーションできている」と思い込みがちですが、その分、口を開く機会が減ったからか、お互い心が閉じてしまっていることもありがちです。

電話で話をする場合、あなたが男性なら、相手には女性を選ぶこと（あなたが女性なら、同性を選ぶこと）。なぜなら、男性は女性よりもたわいのない話を聞くのが苦手だからです。自分の気持ちを吐き出せばスッキリしますが、聞かされるほうはストレスを感じます。

このときストレスを受けるのは大脳皮質という部分なのですが、男性の場合は右脳もしくは左脳いずれか一方の大脳皮質でこのストレスを受けてしまいます。

一方、女性の場合は右脳と左脳をつないでいる脳梁《のうりょう》という神経が男性よりも太くできていて、しかも活発に働くので、左右両方の大脳皮質で愚痴のストレスを受け止めることができます。つまり、女性はストレスを受け止める器が男性よりも大きいのです。

そのうえ、女性の思考は男性よりも柔軟で、そうとうに深刻な話や愚痴を聞いても、「大丈夫よ」「きっと、なんとかなるよ」などと励ましの言葉をサラリと口にしてくれますから、気分よく電話を終えることができるのです。

「欲しがり」をやめると気持ちが楽になる

団塊の世代（1947〜1949年に生まれた世代）ぐらいまでは、どんなに欲しいものでもなかなか手に入らず、我慢しなければならなかった原体験が心の底に潜んでいます。

そのためか、時には必要以上の「欲しがり」になってしまい、常に旺盛な消費意欲で自分が欲しいと思うものをどんどん手に入れてきました。かつての高度成長は、団塊世代の消費意欲に牽引されたといっても過言ではないでしょう。

その後遺症なのでしょうか。現在のシニア世代には、かなり「欲しがり」

の人が少なくありません。山ほど買い物をした後に、さらに、くれると言われれば、何をくれるのかわからなくてもすぐに手を伸ばし、手にしたものがすでに持っているものだったり、自分には必要がないものでも「まあ、もらっておくか」と、とりあえず持ち帰ったり……。そんな人をよく見かけます。

さらに、3000円以上買い物をすればエコバッグをくれると聞くと、本当は2000円程度で済む買い物なのに、要らないものまで買い足して3000円以上にしてエコバッグを手に入れる。同じようなエコバッグは、もう二つも三つも持っているのに……。

そうして手に入れたエコバッグは、使われずデッドストックになるだけです。これではかえって「反エコ」ではないかと突っ込みたくなってしまいます。

しかも本来、いらなかったものを1000円分も多く買い込んだのです。

言うまでもなくこれも無駄でしょう。

買い込んだものは冷蔵庫なり、クローゼットなり、部屋のどこかなり、家の中でそれなりの場所を占め、空間もふさぎます。こんな経験がほかにもたくさんあるはずです。

「欲しがり」は、無駄に通じるところが多いのです。いい加減、もう終わりにしませんか？

手に入れるのは本当に必要なものだけ、本当に欲しいものだけにする。こう心がけるだけで、日ごろの行動はかなり違ってくるはずです。

欲求は本来、ネガティブな感情ではありません。欲求があるから頑張れるし、前進もできます。文明の進歩は、もっと欲しい、もっと楽をしたいという人間の「欲しがり」を原動力にしてきたともいえます。これは一人ひとりの人生についても同じはずです。

でも、人生で必要なものは、すでにだいたい手に入れているのがシニア世代でしょう。際限のない「欲しがり」はもうやめて、すでに手の中にあるものを慈しんで使う方向に切り替えてもいいのではないでしょうか。

そのほうがずっと心穏やかに過ごせると思います。

シニアには「いい加減」を見きわめる技術も必要

真面目な人を腐すつもりはありませんが、「生真面目」にまでなるといかがなものでしょうか。

真面目な人とは「物事に対して真剣に取り組む姿勢」や「誠実な気持ち」を持っている人です。生真面目な人もここまでは同じですが、これに「融通が利かない」という要素が加わって、いろいろ不都合が生まれてくるのです。

とくに、年齢を重ねれば重ねるほど考え方に柔軟性が失われて、「若いころから少し生真面目なところが見受けられた」という程度の人でも、シニアになると、まったく融通が利かなくなってしまうことがあります。

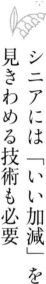

では、生真面目すぎると、どんな弊害があるのでしょうか。たとえば、**一度決めたことを「なんとしてでも続けなければいけない」と考え、自分を追い込んでしまう**ケースがあります。

「一度決めた」といっても、それほど深刻なことばかりではありません。たとえば、「来年から日記をつけると決めた」などがその例です。

日記を続けるのは、なかなか難しいものです。元日から書き始めたけれど、三が日で飽きてしまったという人もいるでしょう。

業務日誌ではないのですから、無理をしてまで続ける必要はありません。「久しぶりに、今日の出来事を書いておこう」という気分になるまで待てばいいと思います。

大晦日を迎えて、日記をめくってみたら20日分しか書いていなかった――もし、こんな状態だったとしても、笑って「また来年、日記を書いてみるか」

と考えればいいだけです。

ところが、生真面目な人はこのように柔軟には考えられず、「なんとかして書き続けなければ」と、自分を追い込んで頑張ってしまうのです。しかし、人は強制されるとかえって反発するものです。子どものころに「勉強しなさい！」と言われると、かえって勉強したくなくなったのではありませんか。このあまのじゃくな心の動きを「**心理的リアクタンス**」と呼びます。

とくにこの場合は、自分で自分に強制したことに対しての反発であるために、さらに大きなストレスになります。続けるのも地獄ですが、もしやめたら自分自身に嫌気が差してしまうでしょう。どちらを選んでも苦しい思いをせざるを得ません。

たかが日記だというのに、ここまで自分を追い詰めてしまうのが、生真面目の恐ろしいところです。

家族や友人、知人に「生真面目すぎる」とか「融通が利かない」と言われた経験のある人は、もっと「いい加減」になってほしいと思います。

どんな高性能車でも「いつも全速力」では、あっという間に故障してしまうのと同じように、**生真面目一辺倒では心がもちません。生真面目な人には頑張りすぎの傾向がありますから、「いい加減」くらいがちょうどいい**感じだと思うのです。

それでも抵抗があるのなら、「いい加減」の一文字を書き換えて「よい加減」と考えてみてはいかがでしょう。真面目さに柔軟性と融通を加えたのが「よい加減」ですから、今後はこれをモットーにしてはいかがでしょうか。

必要以上に頑張らないでいい。助けを求める勇気を持とう

責任感が強いというのも、本来はほめられるべき特徴です。しかし、「生真面目」と同じように、責任感が強すぎるのも考えものです。

たとえば、人一倍責任感の強いシニアがマンションの管理組合の理事長を任されたとします。そして、建物の老朽化による建て替え工事の同意を集めることになったとしましょう。

一般のマンションの建て替え工事には住民の5分の4の同意が必要だそうですから、取りつけるのは大変な作業です。帰宅が遅い人もいるでしょうし、連日深夜まで各戸を訪ね回ることもあるはずです。

ふつうの人なら「ああ、疲れた。もうやりたくない」「ひとりではとても無理だから、誰かに手伝ってもらおう」と弱音を吐くかもしれませんが、責任感が強すぎると、「やると言ったのだから、途中でやめるわけにはいかない」「誰にも任せられない」とひとりで頑張り続け、その結果、心身ともに疲れ果ててしまいます。

とくにシニアは、若いころよりもストレス耐性が低くなっていますから、頑張って住民の5分の4の同意をとりつけたとしても、伸びきったゴムのように回復不能のダメージを受けてしまうかもしれません。

とくに「○○さんは責任感が強い」「○○さんなら安心して任せられる」といった評価を受けたことがある人は要注意です。**「責任感」や「頑張る」という言葉に縛られて、自分でも気がつかないうちに限界を超えてしまう**かもしれません。そうなる前に「これ以上は無理」と白旗を揚げて誰かに助けを求めたり、ひと休みしたりするようにしましょう。

フーベルトゥス・テレンバッハというドイツの精神医学者が、うつ病になりやすい人には、ある傾向があることを発見しました。それは、几帳面で仕事熱心、律儀、責任感が強いなどで、これを「**メランコリー親和型性格（前うつ性格）**」と呼びます。

最近、老人性うつが増加しています。厚生労働省によると、シニア（65歳以上）のうつ病有病率は13・5％に達するそうです。つまり、シニアの8人に1人以上はうつ病を抱えている可能性が高いわけです。

また、真面目で責任感が強い人ほど老人性うつになる可能性があることはよく指摘されています。

ところが、真面目で責任感が強いと、自分がうつ病であることを認めたがりません。「自分がうつ病になどなるはずがない」「頑張りが足りないだけ」などと考えてしまうのです。

実際に老人性うつと認められてもこうなのですから、その前段階で、私が「白旗を掲げて誰かに助けを求めましょう」「ひと休みしましょう」などとすすめても、「そんなことできるわけがない」「私の評価が下がってしまう」と反発されるでしょう。

たしかに、途中で仕事を投げ出したりストップしたりしたら、あなたの評価は落ちるかもしれません。しかし、長年働き続け、ようやく自分のために時間を使えるようになったのに、その矢先に心身ともに壊れてしまっては、元も子もないと思いませんか。

老人性うつも他の病気と同じように、治療よりも予防が重要なのですから、ぜひ私のアドバイスに耳を貸してもらいたいと思います。

「少し適当に、ゆるゆると頑張らない」はホッとする生き方

日本人はつくづく「頑張る」ことが好きだと感じることがあります。

職場の飲み会などでは上役が、

「みんなで一丸となって頑張りましょう」

「売り上げ達成をめざして、なんとか頑張りましょう」

などと声を張り上げるのが定番です。

また、受験生や試合前の選手には、

「自分の心に負けないように頑張れ！」

「実力を120％出し切るように頑張れ！」

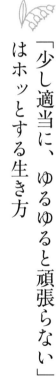

などと叱咤激励しますね。

それに自己紹介の際には、

「精一杯頑張りますので、よろしくお願いします」

このように話すのが決まり文句です。

こうして多くの日本人は「会社のため」「家族のため」「仲間のため」と、日夜頑張っているわけですが、そんなに頑張り続けていたのでは息が切れてしまいます。


競争社会の真っ只中にいる人たちは、頑張らざるを得ないのかもしれませんが、**シニアになったのなら肩の力を抜いて、少し適当に、ゆるゆると頑張らない生き方をするのもいい**でしょう。

しかし、長年の習慣はなかなか抜けず、頑張ることをやめられないシニアがいます。「まだまだ私は若いんだ」「若い奴になんか負けていられるか」と思っているうえ、老いに対する反抗心というか、闘志がみなぎっているため、ちょっとのことでも爆発を起こすようです。

先日、電車で見かけたシニアの男性は、大学生風の青年を怒鳴りつけていました。怒っている理由は、青年が座席で足を組んでいたこと。公衆の面前で青年はバツが悪そうに何度も頭を下げているのですが、シニアの怒りはなかなかおさまりません。

「いい年をして、混んだ電車で足を組んだら、周りに迷惑になることぐらいわかるだろう。誰も注意しないと思ったら大間違いなんだぞ。悪いことは悪いとはっきり言う人間もいるんだ！」

まるで車両中に響き渡るような大声を出すのです。

当の本人は「若い奴には負けない自分」をアピールしているのかもしれま

せんが、反論も反抗もしない青年に対して、しつこく大声を出す姿はひどく年寄りくさく見えました。

不思議なもので、**「年寄りに思われたくない」「若々しくありたい」と頑張る人ほど、周囲の目には年寄りに映ります。**

反対に、頑張りすぎず、自然に「老い」を受け入れている人のほうが若さを感じます。感情のコントロールができない「暴走老人」にならないように、肩の力を抜いた年齢の重ね方をしたいものですね。

ひとりにできることには限界がある。親切には遠慮なく甘えよう

ある会社員の女性は、先日、複雑な経験をしたそうです。

「打ち合わせに行くときに地下鉄に乗って座っていたら、隣の駅でたくさんの人が乗ってきて、そのなかにおひとり、杖をついているお年寄りがいました。そこで、勇気を振り絞って、『すぐ降りますので、どうぞお座りください』と言ったところ、『席を譲られるほど老いぼれていない。バカにするな！』と怒鳴られてしまったんです。恥ずかしいやら悲しいやらで、次の駅で降りてしまいました」

実は、彼女と同じような経験をする人が増えているそうです。

言うまでもありませんが、彼女に「相手をバカにしてやろう」などという気持ちは微塵《みじん》もありませんでした。あくまでも親切心で「お座りください」と言っただけなのですが、それがシニアには侮辱の言葉に聞こえてしまったようです。

このように、些細なことに怒りを爆発させてしまうのは「**社会的承認欲求**」という心理が満たされていないためだと思われます。社会的承認欲求をわかりやすい言葉でいうと、「他人から一目置かれていると思える気持ち」となります。

現役時代に高い役職に就いていた人によく見られるケースで、会社では「部長」や「所長」などと呼ばれていたにもかかわらず、定年退職したとたんにただのおじいさんになってしまった……。そのことでプライドを傷つけられ、

「みんなにバカにされている」と思い込んでしまうようです。

シニアがキレる事件は、日常的といっていいほど頻繁にニュースで取り上げられていますが、これも同じ心理が原因になっているケースが多いと思われます。


自分に自信を持つのはとてもいいことです。日本では超高齢化が進み、どこまで社会福祉に頼れるかも不透明になっています。ですから、できるだけ自分でやろうという気持ちは大切です。

かといって、**すべてを自分でやろうと考えていると、必ず限界が訪れます。**

どんな人でもひとりでは生きていけません。組織から飛び立ち、地域という大きな社会のなかで生きていかなければならない老後なら、なおさらです。

だからこそ、頑張りすぎずに周囲と協力したり、時には助けてもらったりしながら生きていくことが大切なのですが、プライドが高い人や優秀な人ほど、これが苦手のようです。

でも、「実るほど頭を垂れる稲穂かな」という有名な言葉のとおり、「自分は周囲から敬われるべき人物だ」と思っている人ほど、謙虚な姿勢で他人と接することが大切だと思うのです。

前出のように、席を譲られたときも、「バカにされている」と独り合点するのではなく、相手の気持ちを考え、素直に親切に甘え、「ありがとうございます」と軽く頭を下げて感謝を伝えたほうがいいと思うのですが、いかがでしょうか。

「自分を厳しく律しているだけ」という人もいるでしょう。しかし、それが周囲からは「やせ我慢」に見えていることも多いものです。親切は素直に受け入れて、いつかできるときに誰かにお返しすればいいと思います。

「生きがい、生きがい」と肩肘張らなくていい

年を重ねると誰もが「この先、何を生きがいにしていけばいいのだろう」という思いを持つものです。なかには「生きがいを持たなければ！」「もっと楽しまなければいけない」などと自分を追い詰めてしまう人もいます。そんな思いが高じると、老後うつを呼び込んでしまう危険性があります。

あなたは「生きがい」や「楽しい人生」といった言葉にどんなイメージを抱くでしょうか。たくさんの人に期待されて活躍する自分でしょうか。それとも旅行や趣味を存分に楽しむ優雅な自分でしょうか。あるいは孫や子ども

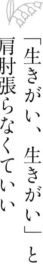

に囲まれた団らんの時間でしょうか。

私は、**「生きがい」や「楽しい人生」というのは、もう少し身近で、すぐ手の届くところにあるもの**だと考えています。誰もが簡単に手に入れることができないものなら、世の中は不幸な人だらけになってしまうのではないでしょうか。

周りを見るとわかりますが、多くの高齢者が「毎日がマンネリだ」「生活が大変」などと文句を言いながらも、たいていの人はそれなりに平穏な生活を送っているようです。

そもそも、生きがいとは、生きるに値するもの。生きていく張り合いや喜びといった意味の言葉です。生きるのがつらくてたまらない、早く死んでしまいたいといった思いを日々抱えている人は別として、ごく普通に生活している人は、十分に「生きがい」を持って生活しているのではないでしょうか。

「人生をもっと楽しもう!」といったフレーズをたびたび耳にしますが、それらは商品やサービスの購入をうながすために使われる言葉です。

メディアからそうした言葉がひっきりなしに発信されるので、無意識に「もっと生きがいを持たなければいけないのではないか……」「自分はもっともっと人生を楽しめるのではないのか……」と、焦燥感を抱いてしまうわけです。

しかし、基本的に人間にとって必要なのは「衣食住」だけ。「食う寝るところに住むところ」があれば、焦る必要も、心配する必要もあまりないと思ってください。そう考えることで、結果的に老後うつの発症を防ぐことができるでしょう。

すぐに疲れる自分を許してあげよう

ある情報サイトのアンケートによると、「年を取ったと感じる瞬間」は、「見た目が変わった」「物忘れが多い」「肉体的な衰えを感じる」だそうです。

年を重ねれば、若いころに比べて、心や体が早く音を上げるのは当然です。ところが、「もっと頑張らないと！」と必要以上に自分を鼓舞したり、逆に「もうダメだ」と落胆してしまったりする人もいます。

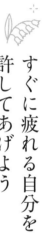

でも、**心身の衰えは正常な老化現象なのですから、無理をしたり自己嫌悪に陥ったりする必要はまったくない**のです。

「年なんだから、疲れるのは当たり前のこと。これまで頑張ってきたのだから、あとは若い者に任せればいい」

と、自分を許してあげましょう。

心身ともに疲れた状態のまま頑張ったり、落胆した状態では、作業は決してはかどらないし、ミスも多くなります。その結果、かえって周囲に迷惑をかけたりしかねません。

あまり無理をせず、落胆もすることなく、衰えつつある自分の心と体に合わせて作業をして、**疲れを感じたら素直に休んだほうがいい**のです。

若いころは、どんなに疲れていたり嫌なことがあったりしても、「なにくそっ!」と、気力を振り絞って布団から飛び出し、仕事や家事の役目に立ち向かわなければなりませんでした。

しかし、シニアになった今、そこまで頑張る必要はないのです。

そもそも、頑張れば頑張るほど、焦りやストレスは増える一方ですから、できるだけのんびり過ごして体力と気力を回復させましょう。

すると、自然と気持ちも楽になってくるものです。

第2章

人間関係は「いい加減」なくらいがちょうどいい

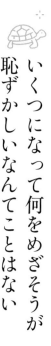

いくつになって何をめざそうが恥ずかしいなんてことはない

厚生労働省が２０２３年7月に発表した「簡易生命表」によると、日本人の平均寿命は男性が81・05歳、女性が87・09歳となっています。75歳時点の平均余命（あとどれくらい生きられるか）は、男性が12・04年、女性が15・67年です。

一方、健康寿命は男性72・68歳、女性75・38歳。平均寿命に比べるとぐんと下がります。健康寿命とは「健康上の問題で日常生活が制限されることなく生活できる期間」をいいます。平均寿命と健康寿命の差が小さければ小さいほど、晩年まで「日常生活が制限されることなく」過ごすことができるというわけです。

しかし現実には、平均寿命と健康寿命の差は、男性が8・37年、女性が11・71年とそれほど小さくはありません。つまり、この期間が寝たきりなどで介護が必要とされるということです。

65歳を起点とすると、元気で過ごせるのは男性8年弱、女性約10年です。

マスコミなどでは「長い長い老後」とはやし立てていますが、「元気で健康な老後」はそれほど長くはないのです。

とするなら、我慢をする毎日からは卒業して、「○○がやりたい！」と口に出してもいいのではないかと思います。

オーストラリアの介護人ブロニー・ウェアさんの著書『死ぬ瞬間の5つの後悔』（新潮社）によると、**人が死に瀕《ひん》して最も後悔するのは、「他人が自分**

に期待するような生き方ではなく、私自身に素直に生きられなかったこと」だったそうです。

こんな後悔をしたくないなら、なんと言われようと、やりたいことをやっておくのがいいでしょう。

一例を挙げれば、もっと勉強したかったと思っている人はたくさんいるはずです。でも、幸いなことに、勉強するのに遅すぎることなどありません。

たとえば、デンマークの大学には96歳の新入生がいたことがあるそうです。近くに通える大学がないなら、放送大学を利用する手もあります。ちなみに、放送大学の最高齢卒業生は99歳の加藤榮さんだそうです。

冒険家の三浦雄一郎さんが80歳でエベレストに登頂したのは有名な話ですし、60歳以上でエベレスト登頂に成功した人や、登頂をめざしている人もたくさんいます。

また、健康によいと同時に激しい運動量で知られる水泳でも、「スポーツ・サステナビリティ白書2022」によると、70代の1割強が年に1回以上泳いでいるそうですから、何をめざそうが、「恥ずかしい」なんて思うことはないのです。

思い立ったら吉日。あなたも、これまでやりたくてもできなかったことを始めてみませんか。

とにかく取り越し苦労はやめよう。いいことはひとつもない

あれこれ無用な心配をすることを「杞憂《きゆう》」といいます。

中国の故事で「昔、杞の国のある人が、『天が崩れて空から降ってきたらどうしよう』『地が崩れて落ちてしまったらどうしよう』と思い悩んで、夜も眠れなかった」という話がもとになって生まれた言葉です。

ここまで極端な人はいないかもしれませんが、似たような「取り越し苦労」や「過度な心配性」の人ならば、どこの社会にも、ひとりやふたりはいるでしょう。しかも、シニアになると、なぜかその数がぐんと増えるのです。

心配性になる原因はさまざまですが、シニアの場合は「喪失」がキーワー

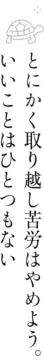

ドになるのではないでしょうか。

年齢を重ねると、体力が落ちます。そして、瞬発力が落ちます。また退職すれば、収入も落ちるでしょう。こうしたさまざまなことが大きな喪失感になります。いろいろな面で自信がなくなってしまうため、必要のないことまで心配するようになるのです。

事前に打っておく手があるとか、予防策がある場合なら「心配」も有効です。しかし、**考えてもどうにもならないことを気に病んで、しかもそのマイナスのパワーを周囲にまき散らすような人は、確実に嫌われます。**

困ったときは、遠くの親族より近くの他人のほうが助けになります。ひとり暮らしのシニアの場合はとくに、ひとりでも多くの人とつながっていたほうが安心です。知らず知らずのうちに鼻つまみ者にならないよう、マイナスの発言には十分に気をつけましょう。

また、若い世代の人たちが嫌うシニアの発言に、次のようなものがあります。

「私なんか、いつまで生きられるかわからない」

「私には先がないからね」

「そのころには死んでるよ」

こんなふうに言われたら、若い世代は返す言葉がありません。こんな嫌味を口にする人とは一緒にいたくないと思うでしょう。

相手に嫌われたい、相手を不快な気分にさせたいという気持ちがないのなら、これらの言葉は封印しましょう。

こんなことを話しても、何ひとついいことはありません。つい愚痴のように出がちなので、注意が必要です。

「必要とされていない」と落ち込まない方法

「仕事を離れたら、何もせずにのんびり暮らそう」と考えている人は多いでしょう。しかし、「何もしない」というのもけっこう難しく、1か月もすると時間を持て余すようになるかもしれません。

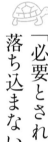

朝から晩までテレビを見ていても、やがて飽きてしまうし、読書をしようと図書館へ行くと、自分と同じように定年後に行く場所を失った人たちばかり目について、いたたまれません。その結果、「何か仕事がしたい」と思うようになる人が多いようです。

これは、人というのが無為に日々を過ごすよりも「何かの役に立ちたい」「誰かに必要とされる人間でありたい」と望む生き物だからです。

幸い、最近は人手不足に悩む企業が多く、年配の人でも以前より再就職先を見つけやすくなりました。

ところが、こうして念願の仕事に就いたものの、仕事が長続きしない人が少なくないと聞きます。

自分で「やりたい」と思って始めたのに、なぜ長続きしないのでしょうか。

その理由は、**「自分は必要とされていない」と思い込んでしまうから**のようです。

たしかに、再就職したばかりの会社で重要な役職に就けることは、まずありません。それは当たり前なのに、「上場企業の部長まで務めた私が、なんでこんな仕事をしなければいけないのか」「こんな仕事は誰だってできる。

私が必要とされているわけではない」などという気持ちが湧き上がってきてしまうのです。

しかし、そこまでネガティブに考える必要はないと思います。企業は、その人にどれだけの経験があるかを知って採用したわけです。つまり、経験も採用理由のひとつということです。

だから、難しいトラブルが発生したり、これからどちらへ向かっていけばいいか悩んだりしたときに、きっとあなたを頼ってくるはずです。

「能ある鷹は爪を隠す」というではありませんか。**ふだんは与えられた仕事を黙々と進め、「必要とされるとき」がくるのを静かに待つのが、知恵のある年長者の生き方**ではないでしょうか。

このように「きっと必要とされるときがくる」という気持ちは一種の「希望」です。アメリカの心理学者バーバラ・フレドリクソン教授によると、「希望はとても強い感情で、われわれに恐怖や絶望に打ち勝つ力を与え、創造的に振る舞うことを可能にする」のです。

「きっと必要とされるときがくる」と考えていれば、再就職先に感じた不平や不満、社会からの疎外感など簡単に払拭できるでしょう。

「現役時代の肩書き」に頼らない格好いい人になる

ある人から、こんな話を聞きました。

「ボランティアで地域活動をしています。私が住んでいる地域でも定年退職した人が急に増え始めたので、数年前からシニアの交流会を催すことにしました。『積極的に友だちをつくりましょう』とすすめているわけではなく、『ご近所にこんな方が住んでいるんですよ』と知ってもらえばいいというくらいの集まりなのですが……」

それでも、他人を引きつける人と、敬遠されがちな人がいるとわかってきたそうです。

「好感を持たれるのは、やっぱり笑顔を絶やさない、腰が低い人ですね。逆に、敬遠される人は、自己紹介をするときに必ず職歴をつけて話す人です。たとえば、『私、○○と申します。つい最近まで△△社で××部長をしておりました』と言う人です。聞いたとたん、他の参加者に不愉快な表情が浮かぶのがわかるんです」

定年後も肩書きを忘れられない人がいます。このような人たちは、たいてい現役時代に高い役職に就いていたり、いわゆる一流企業に勤務していたりしたことが多いようです。

つまり、「私はそんじょそこらの高齢者（あなたたち）とは違うんですよ。元はエリートだったので、一目置いてもらいたい」と考えているのです。

でも、どんなにエリートだったとしても、退職してしまえば「ただの人」

ではありませんか。それなのに、過去の役職をひけらかすというのは、年を取って異性に振り向かれなくなった人が「昔はモテていたんだ」と言ったり、お腹がポッコリ出ている人が「若いころはスリムな体型で、モデルにスカウトされたこともあるんだ」と自慢したりするようなものです。

こんなことを聞かされても、「だから、何？　それは過去の栄光でしょう」と笑いたくなりますね。これと同じことをやっているのだと気づいてほしいと思います。

漬物の「たくあん」に名を残す沢庵宗彭《たくあんそうほう》という江戸時代初期の僧侶がいます。現在の心理カウンセラーともいえるような名助言者としても知られ、徳川家の指南役を務めた柳生但馬守宗矩《やぎゅうたじまのかみむねのり》に宛てた『不動智神妙録《ふどうちしんみょうろく》』という書物には、敵と戦うときにどのような心構えでいればよいかが記されています。

このなかに「前後際断《ぜんごさいだん》」とあります。これを現代風に訳すと、「過去の栄光を捨て、現在の栄光は未来に持って行くな。もしそのようなことをすれば、過去や現在に心がとらわれ、向上できない」という意味になります。

元エリートの人たちにはかなり厳しい言葉であると同時に、痛いほどわかる言葉ではないでしょうか。

退職して役職や社会的地位を失ってしまうと、つい「昔は……」「こう見えても……」と口走りがちです。

しかし、それは過去の栄光に心がとらわれているということ。前進するためには、過去ではなく未来に目を向けなければいけません。

よく「ものは考えよう」と言いますが、**「ただの人」になるのもけっこう気が楽なもの**です。誰からも過剰な期待をされないし、課せられる義務も最低限ですみます。なんの気兼ねもなく自分の好きなとおりにやれるのです。気分の悪かろうはずがありませんよね。

こんなタイプは地域に溶け込みにくい

老後を楽しいものにするもののひとつに「地域とのつながり」があります。

そして、大切にしておいて損をしないのも、地域とのつながりです。

地域の活動に興味を持ち、自然に仲間に入れる人はいいのですが、なかには、そうスムーズにはいかず、

「溶け込みたいと思っているのに溶け込めない」

「溶け込もうとするほど、周囲から浮いてしまう気がする」

などと感じている人も少なくないようです。

そんな人は、次の項目に心当たりがないでしょうか。

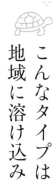

・人の話を聞くよりも、自分が話すほうが好き
・仕事人として優秀だった自分のことを知ってほしい
・自分がとりまとめれば、もっとうまく事が運ぶと思っている
・人に仕切られるより、自分が仕切るほうが性に合っている

「ちょっと当てはまるかもしれない……」

そう感じた人は要注意です。地域に溶け込むには、ある程度の努力が必要かもしれません。

これらの項目に共通するのは「**自己《じこ》顕示欲《けんじよく》の強さ**」です。もちろん、自己顕示欲が強いことが悪いとはいいません。自分を押し殺して周囲に迎合しなくてはいけない、というわけではありません。ただ、地域活動に参加し始めて日数が浅い人にとっては、この自己顕示欲の強さがマイナスになりやすい

のです。

「この私がどうして受け入れられないのだろう……」

気に病んで体調を崩し、老後うつを発症させてしまう人もいるようです。

そんな人は、「**郷に入っては郷に従え**」という名言を心に刻んでみてください。

「人がどう思うか」を考えても意味がない

「友人が自家用車を買ったから、自分も買った」
「同期がマイホームを手に入れたと聞いたので、同期の買った家よりも会社に近いところに家を買うことにした」
「幼なじみが結婚したから、お見合いの回数を増やした」

このように、若いころは友人や知人、幼なじみなどの様子が気になって、競う気持ちも起こりがちです。その結果、金銭的に無理なことや不本意なこともしてきたのではないでしょうか。とくにバブル時代を現役で経験した世代は、後悔したこともよくあったはずです。

何度もこんなことをしてきたのは、自分に自信が持てず、周囲にいる人や世間と自分を比べる「目線」を抑えられなかったためでしょう。

しかし、還暦を迎える年齢になって、本当の自分が見えてきたはずです。それならば、**他人や世間に向けていた目線は外し、自分がやりたいことだけをやり、生きたいように生きればいい**と思います。

すでに現役時代に「本当の自分」が見えていたという人もいるかもしれません。しかしそんな人でも、現役時代にはいろいろなしがらみがあって、思いどおりに振る舞えなかったのではないでしょうか。つまり、やりたいことだけをやれる、生きたいように生きられるというのは、すでに定年を迎えたり、まもなく定年というシニアだけが持つ特権なのです。

そうした生き方を表す言葉が「第二の人生」です。第二の人生というと、「昔から夢だった仕事を始めた」「研鑽を積みたくて、大学に再入学した」といった立派なことばかりが思い浮かび、「とてもそんな真似はできない」と考えがちです。

でも、立派である必要はないと思います。**「自分が好きなように過ごすこと」、これが「第二の人生」の基本**なのです。

日本人は、他人の目を気にしすぎるきらいがあり、「自分が好きなように過ごすのは好ましくないこと」と思う傾向があります。それどころか「好きに生きるのは悪いことだ」と考える人もいます。しかし、それはまったく違います。

「40年近く、夫や子どものことばかり優先してきて、自分がやりたいことは何もできなかった」

このように我慢の人生を過ごしてきた女性も多いようです。それなら、還暦を迎えたのを機に「これからは自分のことを最優先にして過ごします」と宣言してみませんか。

それを「身勝手だ」と非難する人もいるかもしれませんが、そうしたからといって、地獄に墜ちることはありません。やりたかったことをすればいいのです。

私の家をときどき修理してくれる大工の棟梁は、「今年で69歳になるのですが、スーツを着たのは結婚式と葬式だけ。一度でいいから、スーツを着て仕事に行ってみたかった」と話していました。

そこで私は、「それなら、次にきてくれるときはスーツを着てくださいよ。家に着いてから作業着に着替えればいいのですから」とすすめてみました。

「それはちょっと……」と笑っていましたが、ベランダの修理にきたとき、本当にスーツ姿で現れたのです。笑みを浮かべながら、「先生のおかげで、夢がかないました」と。

還暦を迎えたり会社を定年退職したりしたら、もう他人や世間の常識を気にする必要はありません。家族に対する責任からも解放されていいでしょう。それが本当の「第二の人生」だと思います。

他人を気にしてうつむくのはやめて、顔を上げて生きていきましょう。

「いい人」をやめたほうがかえって好かれる

人間にはさまざまな性格が見られますが、「タイプC」という性格傾向の人がいます。簡単に説明しておくと、タイプCの「C」はがん（cancer）の頭文字です。

このタイプの人には、周囲との摩擦を避けようとして自分の気持ちを抑え込む傾向があります。

そのため「いい人」という高評価を得ることが多いのですが、本心を抑え込んでいるわけですから、本人には大きなストレスがかかります。結果、がんを発症しやすくなることから、「タイプC」が注目されるようになりました。

このことから見えてくるものがあります。それは、**自分の健康を維持して元気で長生きしたいなら、「いい人」はやめて、自分らしく振る舞ったほうがいい**ということです。

とはいうものの、素の自分を他人に見せるのは勇気がいります。「素の自分を見せたら嫌われるのではないか」「自分らしく振る舞うなんて、はしたない」などと考えて、結局、本心を抑え込んでしまいます。

でも、素を見せたり自分らしく振る舞うことに不安を抱いている人は意外に思うかもしれませんが、実は、自分の気持ちを素直に口にしたり、「イエス」「ノー」をはっきりしたほうが人間関係はうまくいくものなのです。

たとえば、ある人によく思われたいと考えて、思ってもいないことばかり口にしていると、他の人がその話を耳にしたときに、「あれっ、この前、言っていたことと違う」「八方美人だったんだ」などと思われてしまいます。

「悪事千里を走る」ということわざがありますが、悪い評判というのは、よい評判よりも世間に知れ渡るのが圧倒的に早く、こんなことを続けていると、あなたを敬遠する人が増えていきます。周囲に敬遠されるのは大きなストレスになり、本心を抑え込んでいたストレスと合わせてダブルパンチ。心身に及ぶ悪影響は計り知れません。

また、「私は口下手だから、相手の話を聞いてうなずくくらいしかできません。それが誤解を招くのかも……」などと、自分の意見を何も言わない人がいますが、それは言い訳ではないでしょうか。

実際には口下手なのではなく、「自分の本心を話すと嫌われてしまうから、うなずくだけにしておこう」と思っているのではありませんか。

本心を話しても話さなくても嫌われてしまうのなら、口を開いて自分をさらけ出したほうがストレスは少なくてすむはずです。

「周囲からは真面目だと思われていますが、実際には間抜けな失敗ばかりしている三枚目なんです。話題にできるのは失敗談ばかりで、真面目というイメージが崩れてしまうので、口を閉じています」

こんなふうに言う人もいます。たしかに、自分の素をさらけ出して失敗談や笑い話を口にするのは勇気がいるかもしれません。しかし、失敗談や笑い話は周囲の心を和ませてくれます。逆に、むっつりと黙っている人のほうが、実は敬遠されがちです。

『ゼクシィ』という結婚情報誌のアンケート結果を見ると、「二枚目」の男性が好きと答えた女性が24%だったのに対し、「三枚目」は76%と圧勝でした。人は本能的に「リラックスできる人と一緒にいたい」と思うもの。つまり、失敗談を口にするほど、好感度はアップするわけです。自分のイメージが崩れることなど心配しないで、どんどん口を開きましょう。

人とのつながりを「0か100か」で考えない

現役時代を振り返ると、仕事を中心に人間関係が築かれていたのではないでしょうか。好きになれない人や人間性に問題があると感じる相手でも、「この人とつながっていれば成績を上げる（出世する）ことができる」と思えば、関係を続けていたかもしれません。

このような「無理」のためにストレスに悩まされるビジネスパーソンが多いのですが、背に腹はかえられず、つらい人間関係にも耐えるしかなかったのでしょう。

しかし、退職が目の前に迫っていたり、すでに退職していたりしたら、こうした無理をする必要はありません。

自分の好き嫌いを最優先して、気の合う人とだけつき合えばいいと思います。それ以外の人から誘われたら、きっぱり断っていいのです。

これが徹底できれば、人間関係で過剰なストレスを溜め込まなくなると思うのですが、なかには「つき合いたくない人を避けていたら、いつの間にか周囲から孤立してしまった」というケースもあります。

もちろん、自分で望んで孤独な生活を楽しんでいるのならいいのですが、望んでいないのに、誰ともつながりを持てなくなってしまったというのでは問題です。

これは主に、つき合いたいかつき合いたくないかを、0か100かという極端な考え方で判断したために起きることでしょう。

仮に、「Aさんは、考え方があまり好きではないのでつき合わない」「Bさんとは価値観が同じようなので、つき合いたい」と考えているとしましょう。
でも、Bさんがあなたとつき合いたいと思っているとは限りません。その結果、Bさんからは距離を置かれ、Aさんとも疎遠になって孤立してしまうというわけです。

こんな悲劇を招かないためには、ちょっと曖昧に感じるかもしれませんが、好き嫌いを決めつけないことです。

前の話では「Aさんは、考え方があまり好きではないのでつき合わない」と考えていますね。これも「あまり好きではない＝つき合わない」という決めつけです。もしかすると、初対面でAさんにあまりよい印象を持てなかったのかもしれませんが、「第一印象はあまりよくなかったけれど、つき合ってみるといい人だった」というのはよくある話です。

そもそも、**人とのつき合いというのは、グレーゾーンで成り立っているも**

の。学生時代には、多くの人に親友と呼べる相手がいたはずです。その人のことを思い返してみてください。

一度や二度は、考え方や主張がぶつかってケンカをしたことでしょう。それは、頭の先からつま先まで価値観が同じだったわけではない証拠です。

親友でさえそうだったなら、「あまり好きではない」と思う人にいきなり0点をつけて縁を切るのはおかしいでしょう。50〜60点の評価に留めておき、しばらく様子を見ることをおすすめします。

もうひとつ挙げた「Bさんとは価値観が同じようなので、つき合いたい」という考え方も、「価値観が同じようだ＝つき合いたい」という決めつけといえます。

Bさんがあなたと同じように考えているかどうかはわかりません。やはり、最初のうちはグレーゾーンで考え、しばらく様子を見たほうがいいでしょう。

「こうでないとダメ」という考え方をやめる

「生きがい症候群」という言葉をご存じですか。

これは、定年退職すると同時に人生の目標を失ってしまい、生きがいを見つけられないまま不安で抑うつ的な（気分が落ち込んで何もする気になれない）精神状態が続くことです。

定年を迎えるころには、誰でも大なり小なり老後に不安を感じるものでしょう。でも、それで精神のバランスを崩してしまっては大変です。

この**「生きがい症候群」が進むと、落ち込んでうつ病になったり、孤独感からアルコール依存症になったり、あるいは暴力的になって人間関係のトラ**

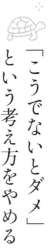

ブルを起こしたり、深刻な問題を引き起こすケースもあるので注意が必要です。

ただし、そうなるのはほとんどが男性で、女性は陥りにくいようです。生きがい症候群になる人の多くは、仕事一筋で真面目に働き、働くことが生きがいになっていたタイプとされます。

ところが、定年でなによりの拠りどころだった肩書きが消え、会社という後ろ盾がなくなると、それまでの反動で自分の無力さを強く感じます。そして「自分の人生はいったいなんだったのか」とクヨクヨ悩むようになるわけです。

そんな心の溝を埋めようと、急にボランティア活動に参加したり、スポーツや趣味に打ち込んだりするのですが、仕事で目標を持って突き進んできたときのような充実感や満足感は見出せず、焦りだけが募っていきます。

しかも、同年代の人たちが楽しそうにボランティアをしていたり、地元の自治会の役員として活躍していたりするのを見ると、**自分だけ取り残されているようで自信を失い、自己否定を繰り返し、結果的にうつ病を発症してしまう**のです。


しかし、もともと生きがいというのは必死になって見つけるようなものではありませんし、焦って探したからといって見つかるものでもありません。

むしろ問題は、「人間は生きがいを持って生きなければいけない！」という強迫観念にとらわれて、そこから抜け出せないことでしょう。

ですから、**まずは「こうでなければいけない」という考え方から心を解放することが大切**です。

そもそも「こうでなければいけない」という考え方をする人の多くは、他人の評価を基準にしがちです。

これまで十分に頑張ってきた人が、リタイアしてからも「生きがいを持って頑張る人」「一生懸命社会貢献する人」「人のために尽くすいい人」などという理想像を演じる必要はないでしょう。

「立派な人」などという肩書きも捨て、もっと自然体で、自分らしく生きればなんの問題もないはずです。

また、「生きがいとは、自分を徹底的に大事にすることから始まる」という故・日野原重明先生の言葉を借りれば、**自分を肯定し、愛さなければ、生きがいなど見つかるわけがない**ということです。

自分と自分の家族、そして愛する人たちを大切に思う気持ちがあれば、それを生きがいにする人生もまた、素晴らしいものに違いありません。

仲良くする人を選ぶための「大原則」とは

いくらしがらみのないシニア同士であっても、誰もがみな親しくなれるわけではありません。やはりそこには相性というものがあります。

また、AさんとBさんが同じことを話しても、「Aさんには好感が持てるけれど、Bさんはなんとなく好きになれない」と感じることがあります。

なぜ、このように違った印象を持ってしまうのでしょう。

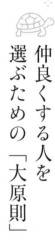

その原因として考えられるのが「**非言語コミュニケーション**」の影響です。

私たちは人の印象には話の内容が大きな影響を与えると考えがちです。しかし実際には、表情やしぐさなどの見た目のほうが大きく、伝わる情報を全部で100%としたら、55%は見た目から得ているともいいます。

つまり、会話の相手の印象を主に決めるのは、話の中身ではなく表情やしぐさなのです。そのため、同じことを話していても「Aさんには好感が持てるが、Bさんはなんとなく好きになれない」という現象が起きるわけです。

このような言語以外の対人コミュニケーションを「非言語コミュニケーション」と呼びます。非言語コミュニケーションのほうが印象に大きく関係するのは、話の内容には意識的要素が多く含まれているものの、表情やしぐさには無意識の要素が多いためだと考えられます。

「自分の賢さを自慢するのが大好き」という人の場合、話す内容でそれを隠すことができても、表情やしぐさなどにはあらわれているというわけです。

とはいうものの、「なんとなく好きになれない」という印象にこだわりすぎると、人間関係を狭めてしまうので、大人として相手を受け入れる必要もあるでしょう。

ただし、次のようなしぐさをする人には、ストレスを与えられる可能性があるので、つき合い方に注意したいところです。

●会話中に指をさす人

他人を指さすことを、心理学の世界では「ワンアップポジションを形成する行為」と呼びます。指をさすのは「自分のほうが立場（ポジション）が上」と考えているためにあらわれるしぐさで、指をさされたほうは「自分は見下されている」と感じます。

現役時代には先生と生徒、上司と部下、先輩と後輩、顧客と業者のように、あきらかな上下関係がありましたが、シニアになったらそんな関係に左右されることはありません。

●ため息をつく人

ため息が出るのはどんな状況のときかというと、それはストレスが溜まったときです。ストレスの負荷によって崩れてしまった自律神経のバランスを回復させようとして出るものですから、それ自体は心身にとって好ましいものです。

一方、ため息を見せられたほうは、ストレスが原因と理解していると、「自分が相手にストレスを与えたのだろうか」という不安にさいなまれます。実際にはそうでなくても、無意識のうちにそう思い込んでしまうため、こういう人と一緒にいると自分のストレスも増えることになるのです。

●腕組みをする人

腕組みをするというのは、あなたを警戒している、無意識に威嚇する気持ちがあらわれている場合があります。クセもあるので一概には判断できませんが、相手の言葉や態度、表情をよく観察しましょう。

●話に割り込んでくる人

言うまでもなく、「あなたの話など最後まで聞いていられない」という気持ちのあらわれです。もし相手があなたを「尊重すべき」と思っていたら、あなたが話している最中に話に割り込んでなどこないはず。つまり、その人はあなたを軽んじているということ。こういう人と話していると、ストレスは溜まる一方です。

もし、こうした人と接していて実際にストレスを感じるようなら、さっさと逃げ出したほうがいいでしょう。

「頑固な老人」にならないためにすべきこと

熟年期の自分をイメージするとしたら、「経験を積んで年齢を重ねるごとに性格も穏やかになっていたい」と思うのが一般的かもしれません。ただ、実際に周囲を見回してみると、他人の言うことには耳を貸さない頑固な老人も見かけますね。

年を取ると、新しい発見や出会いが少なくなると同時に、「自分の地位や立場を守りたい」という思いが強くなって、本来は頭の柔らかい人でも保守的な考えに傾きがちです。

自分の考えや流儀にこだわるようになって、その思い込みがさらに強くなると、バリアを築いて、孤立するケースもあります。

とくに男性の場合は、社会的地位や肩書きにこだわる傾向が強いので、現実的な考えの女性と比べて、頑固になる度合いが高いかもしれません。


ところで、**年とともに頑固になるのも、実は脳の老化と関係があります。**

高齢になると、脳が活力不足になり、情報処理速度もだんだん遅くなってきます。そうなると、他人を理解して、自分も理解してもらい、相互のコミュニケーションをとるという努力が煩わしくなってくるのです。

人間はお互いを理解してコミュニケーションをとるために、膨大なエネルギーを必要とします。脳が柔軟な若いころならエネルギーは十分にあり、脳のあらゆる回路を通じて情報を発信し、相手の発信する情報もきちんと受け止め、理解を深めていくのです。

でも、年齢を重ねてエネルギーの足りなくなった脳にとって、コミュニケーションの構築にはかなり負担がかかります。これがイライラやクヨクヨの原因になってしまうのです。それが高じて老後うつを呼び込んでしまうこともあり得ます。

そこで、エネルギーを使ってわざわざ煩わしさを感じるよりは、**自分自身が正しいと感じるバリア内にいて、相手を理解することを放棄してしまったほうがずっと心地がいいため、だんだん「頑固者」になっていく**というわけです。

アメリカの著述家で、『道は開ける』『人を動かす』などの自己啓発書の著書があるデール・カーネギーは、「頑固を誇るのは小人の常だ。にっこり握手して自分の過ちを認められる人こそ大人物である」と語っています。

頑固にならないために大事なのは、まず**自分がこだわっている「成功体験」をリセットすること**です。かつての栄光や成功にこだわる気持ちが固定観念を生むのですから、それを白紙にして、新しい成功体験をつくり上げようと思えばいいのです。

心を空っぽにして軽くすることこそ、いちばんの「頑固解消法」といえるでしょう。

会社関係のつき合いを全部捨てる勇気を持とう

サラリーマンを経験したことがある人であれば、嫌いな人とでも無理してつき合わなければならなかったのは、自分の感情やプライベートよりも仕事を優先せざるを得なかったから、ということが理解できるでしょう。

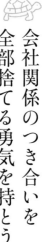

威張ることしか知らない上司でも立てる。お得意さんがゴルフ好きなら、たとえプライベートの予定が入っていても休日返上で早朝から出かける。そんなことを当たり前におこなってきたはずです。

嫌々ながら上司の指示に従うのはストレスだっただろうし、「相手の顔を立てるため、勝ってもいけないし負けすぎてもいけない」と考えながらやるゴルフも、まったくおもしろくなかったはずです。

しかし、シニアになったら、そんな関係とはすべてオサラバできるのです。**かつての上司や同僚に飲み会に誘われても、無理に行かなくてもかまいません。**元得意先にゴルフを誘われても同じです。「気が合う」とか「プライベートでも親しくしている」人に誘われたとき以外は、断っても誰からも文句は言われないし、評価を下げることもありません。

たしかに40年余りをサラリーマンとして過ごしてきた人からすれば、「会社関係のつき合いをすべて切ってしまったら、知り合いがいなくなって孤独になってしまうのでは……」と不安に思うかもしれません。

でも、**これからは本当につき合いたいと思う人とだけつき合えばいい**ではありませんか。ご近所の人を始め、学生時代からの友人、趣味の仲間など、あなたの周りにはいろいろな人がいるはずです。

また、疎遠になっていた昔の友人に連絡をしてみるのはいかがでしょうか。手紙を送ったり電話をしたりして旧交を温めてみれば、たちまち〝あの時代〟が戻ってくるかもしれませんよ。

第3章

「老後うつ」の危険信号を見逃さないためにできること

気が晴れないときは
どう対処したらいいのか

とくに何か悪いことが起きたわけでもないのに、気分がスッキリしない。
うつというわけではないけれど、ときどき気分が落ち込む……。

こうしたことは誰にでもありますが、なんとなくモヤモヤした状態を放っておくと、本格的なうつ状態に向かうこともあります。そうした芽はなるべく早めに刈り取ってしまうのが得策です。

モヤモヤ気分をリセットする方法にはいろいろありますが、いつでもどこでもできて、すぐに効果が出る気分転換法をいくつか紹介しましょう。

まずはじめは、**全身に酸素を行き渡らせる深呼吸法**です。

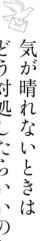

人は緊張したり、落ち込んだりすると、必ず呼吸が浅くなります。そんな場合は深呼吸でしっかり酸素を補給しましょう。ただ、ふつうに呼吸するだけでは効率的に酸素を取り入れることができないので、次のやり方で試してみてください。

❶背筋を伸ばして椅子か床に座り、鼻から軽く息を吸います。息を吸うときは、おへそのすぐ下5センチほどの「丹田」（生命エネルギーをつかさどる場所）を意識して、自然にお腹をふくらませます。

❷息を吐くときは、口から空気を出し切るつもりで、できるだけゆっくりと吐きます。その際、お腹がへこむのを意識しましょう。

吐き切ったら、また鼻から息を吸いますが、吸うことには意識を向けず、吐くことに意識を集中させて、できるだけ長く細く吐き切るのがコツです。

こうすると、浅かった呼吸が深くなり、頭がスッキリします。

深呼吸法

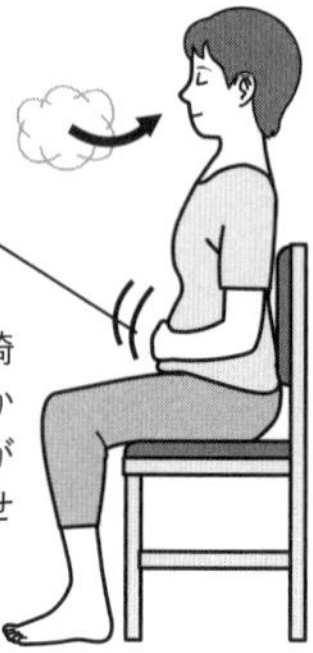

❶背筋を伸ばして椅子か床に座り、鼻から軽く息を吸いながらお腹をふくらませる。

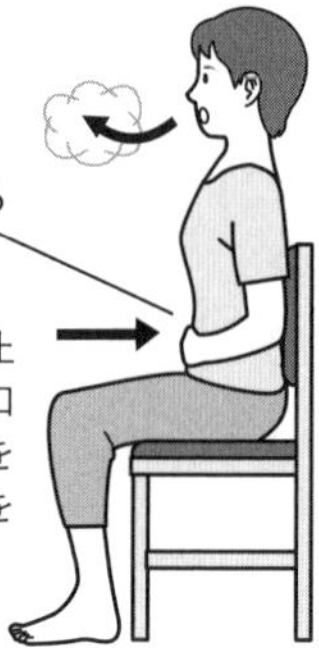

❷いったん息を止めたら、今度は口からゆっくり息を吐きながらお腹をへこませる。

四股を踏む

❶肩幅より少し広めに足を開いて腰を落とす。その際に、内ももが伸びることを意識すると効果的。

❷片方の足に体重を移動させ、ゆっくりもう一方の足を上げる（無理をしないこと）。

❸少し静止して足を下ろす。同時に腰も膝の高さくらいまで落とす。

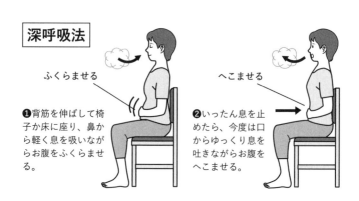

次におすすめしたいのが、**腰を据えて四股《しこ》を踏む**方法です。これは、ちょっと元気の衰えを感じたとき、下半身に気を溜めることでエネルギーを充填《じゅうてん》し、気持ちを大きくするための方法です。

❶まず足を開いて腰を下げ、中腰になります。このとき、内ももを伸ばす気持ちでやること。

❷次に片方の足に体重を移動させゆっくりもう一方の足を上げます。このとき膝はまだ曲げたままです。

❸少しそのままで静止して、上げた足を下ろすと同時に腰も下ろします。これでスタートの形に戻りますから、10回程度は続けてください。

四股踏みは、大リーグで活躍したイチロー選手や黒柳徹子さんなども実践する運動で、体幹や筋力を鍛えるにもぴったりの方法です。

また、基礎代謝を上げたり、リンパの流れを改善したりする働きもありますから、可能なら1日2セットはやってみてください。

さらに、高齢者の転倒を防ぐのにも股関節を柔軟にすることは欠かせませんから、この運動はまさに一石二鳥です。

はじめは無理をせず、ゆっくりと体を慣らすところから始めてください。

モヤモヤを溜めても、いいことは何ひとつありません。ちょっと気持ちがブルーになってきたら、なるべく早めに対策を講じることが大切です。

とにかく、**考えるより体を動かして行動すること**。動かずに考え込んでばかりいても、いい結論は出ません。スッキリしないときは、深呼吸でも四股踏みでも、散歩でも掃除でも、なんでもいいので体を動かして頭の中のモヤモヤを追い払ってしまいましょう。

「ひとり老後」だからといって怖がる必要はない

私たちは職場、学校、地域など、なにかしらの集団に属して生きています。そして、その集団になじめるかなじめないかは、その人の幸福感に影響します。

お金があっても、頭が良くても、集団からつまはじきにされるような人は幸福感を得にくいでしょう。なかには、孤独感にさいなまれて、いわゆる老後うつ状態に陥ってしまう人もいるかもしれません。

また、集団そのものを肯定的に受け入れられない人も、社会のなかでは生きづらいでしょう。

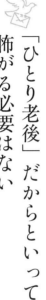

だからといって、それは常に集団に属して集団で行動しなくてはいけない、ということではありません。

最も理想的なのは、集団を肯定的に受け止めながらも、ひとりで行動できる人。つまり、**集団に順応しながらも、決して集団に依存しない生き方**といえるでしょう。

残念ながら、人は年を取ると我が強くなります。考え方が固定され、柔軟性がなくなるからです。

また、無意識のうちに人生経験が豊富であること＝偉い、と思い込んでしまい、自分が尊重されないと、不満やわずらわしさ、居心地の悪さを感じるようになります。

そのため、決まった集団に依存している人は、いろいろ我慢しなければならない場面が多くなります。思うままに振る舞えば、集団のなかで孤立してしまうからです。これではストレスが溜まるばかりでしょう。

そこで、「年を取ったらもう、家族と一緒にいるだけでいい」「家族とだけいれば気を使わなくてラク」と、居場所を家族に求める人もいますが、これも考えものです。なぜなら、家族というのも小さな集団のひとつです。家族であってもそれぞれに考え方や価値観は違うのですから、依存しすぎれば、他の集団と同じように居心地が悪くなり不満が募ります。

ようするに、自分の思いどおりになる集団というのはこの世に存在しないのです。それは、たとえ血がつながった家族であっても同じです。

では、人生を充実させ、素敵に生きている人の生き方はどうでしょう。

そういった人たちは、集団と「なじみ」ますが、決して「依存」はしません。ひとりで考えて行動し、自分の力で問題解決できる自立した大人なので、集団に頼る必要がないのです。

もし、そうした人になりたいと思ったら、いちばんの近道は、**とにかくひとりで行動してみること**でしょう。最初のうちは孤独感にさいなまれるかもしれませんが、慣れてしまえば、ひとりの心地よさがわかります。

そして、不思議なことに「ひとりでも大丈夫」という感覚を身につけると、たとえ集団のなかで嫌なことがあっても寛容になれます。なぜなら、そこにしがみつく必要がなくなるからです。

人間は集団で生きる生き物であることを理解しながらも、ひとりで行動する自立力を持つ。自立した大人として集団に属する……。とくに、シニアと呼ばれる方には、このことを意識してもらいたいと思います。

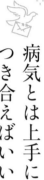

病気とは上手につき合えばいい

テレビやラジオの番組にしても、また本や雑誌にしても、驚くほど「健康」をテーマとして取り上げています。まさに「健康ブーム」です。

ところが、作家の五木寛之さんは『健康という病』（幻冬舎）という本を著しています。その本で五木さんは、「過度に健康に気遣うのは病気」だと主張するのです。

まさしくおっしゃるとおりだと思います。

たとえば、健康診断で血圧が高めと注意されたものの、その原因がわからないケースもあるでしょう。原因がわからなければ、なおさら不安になるとは思いますが、**あえて「わずかな数値の違いで一喜一憂する必要なんてありません」と言いたい**ところです。

「病は気から」というではありませんか。考えすぎたり、深刻になったり、悲観的になったりするほうが、よほど健康のためによくありません。実際、数値がほんの少しばかり正常値をはみ出していることを気に病んで、老後うつになってしまう人もいます。


がんになってからの生存率が最も低いのは「絶望してしまう人」です。**人間は気持ちが負けてしまうことで、病気に命を奪われてしまう場合もある**のです。

病気と診断されても、ガックリ気落ちする必要はありません。逆に、体のどこかに不具合を抱えていれば、定期的に病院に行くようになりますから、

「一定の期間をおいて健康チェックを受けている」くらいに考えてみてはいかがですか。

「無病息災」という言葉もありますが、いってみれば、「一病息災」くらいの気持ちで病気とつき合いたいものですね。

今年で85歳になるある人の場合、7人兄弟でしたが、今も健在なのは自分だけだそうです。幼いころに病気がちだったことから、両親が「この子は二十歳まで生きられないんじゃないか」と心配していたそうです。

しかし、焦らず、あわてず、無理をしない生活を送っているうちに、「いつの間にか長生きしていた」と話していました。

江戸時代の儒学者・貝原益軒《かいばらえきけん》も「病気を早く治そうと思って急ぐと、かえって病気を重くする。のんびり自然に任せるがよい」と語っています。

「べき」「ねば」にこだわりすぎない

同じストレスを受けても、反応は人によって違います。

何も感じなくてケロリとしている人もいれば、ひどく落ち込んで後ろ向きになってしまう人もいます。

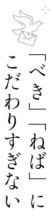

心理学者の研究によると、人によってこんなに違いが出るのは、「自己認知」のパターンに違いがあるからだそうです。

自己認知とは、自分自身の価値観や長所・短所を把握すること。うつになりにくい人は、成功体験をした場合に自己認知のレベルが高くなります。わかりやすくいうと、成功したときに「とてもうれしい！」「やったね」などと素直に喜べる人ということです。

それに対し、うつになりやすい人は、失敗したときに自己認知のレベルが高くなります。

つまり、**成功したことにはあまり関心が持てず、失敗したことばかりに目が向き、「やっぱり失敗した」「私はなんてダメなんだ」「私には何も向いていないんだ」というように、悲観的な考えに陥りやすい**ということです。

このように自然と思い浮かぶ考え方を「**自動思考**」といいます。

老後うつになりやすい人は、自動的に嫌なことばかりが思い浮かぶ「否定的自動思考」の考えが強いわけです。しかも、落ち込めば落ち込むほど激しくなっていくため、どんどん心をすりへらしていくようになります。

では、そうならないためにはどうしたらいいのでしょうか。

ふだんは「肯定的自動思考」が多い人でも、「絶対」とか「ねばならない」という言葉を使っていると、自己認知にゆがみが出て否定的な自動思考が増えるので気をつけてください。

「べき」という言葉をよく使う人がいますが、これは「自分で決めたルール」に過ぎません。「絶対」や「ねばならない」も同じです。

たとえば「オフィスの机の上は常にきれいにしておかなければいけない」とか「母親はいつも笑顔でいるべきだ」などというのも、別に規則で決まっていることではないでしょう。

たしかに机の上はきれいなほうが書類の紛れもなく、仕事がはかどるかもしれません。また、母親が笑顔でいれば子どももうれしいでしょう。でも、本当に忙しくて片づける時間がない場合もありますし、母親だって疲れて元気がない日もあるはずです。これを自分や他人に押しつけるのは間違いでしょう。

このように、自分が思うルールを振りかざすのは、「**自己スキーマ**」による考え方が強いことをあらわしています。

自己スキーマとは、「自分自身に対して持っているイメージ」です。この場合なら「私はやるべきことをやっている」という完璧主義者のイメージです。

自分で「私は完璧主義者だ」と考えているだけなら問題はありませんが、自己スキーマが強くなりすぎると、「絶対に私の考えが正しいから、みんなも従うべき」と考えるようになり、従わない人がいるとイライラしてストレスが溜まります。

自分が自分の考えに従えない場合はもっと大変で、「できない自分を認められない」「自分はダメな人間だ」と考えがちです。これは、うつのきっかけにもなる好ましくない考え方です。「絶対」とか「ねばならない」という言葉は使わないようにしたいものです。

そもそも、**「絶対」とか「ねばならない」ことなど、この世の中に何もないのですから。**

落ち込んだ気分を奮い立たせるには

「いつでも恋をしていたい」というのは少し大げさかもしれませんが、誰でも「ときめく気持ちでいたい」「ドキドキした気分を味わいたい」と思うのは、いくつになっても自然なことです。

恋をする人は美しくなるというのも本当で、気持ちが明るくなると表情が豊かになるし、新陳代謝がさかんになって顔色がよくなったり、肌の艶が増したり、心身ともに若返り効果があらわれます。

では、このときめきの正体は何かというと、私たちの心に快楽や快感をもたらす「**ドーパミン**」という脳内物質です。中枢神経に存在する神経伝達物質で、「やる気の源」ともいわれています。たとえば、恋愛初期のドキドキする鼓動や胸がキュンとする感情などは、ドーパミンと深く関わっています。

そして、視覚や聴覚、嗅覚などによって刺激を受けることで、私たちの脳の報酬系と呼ばれる部分では「ドーパミン」が大量に放出され、そのときにときめきを感じるというのが生物学的な仕組みです。

ただし、こうした脳内物質は、加齢とともに分泌が減少します。ドーパミンの分泌量からいえば、人がもっともときめきを感じるピークは10代後半から20代前半くらいまでで、脳科学的には20代後半からは、だんだんとときめきを感じなくなってくるようです。

そこで、年齢を重ねてもときめきを感じるためには何が必要かというと、「**脳に新しい刺激を与えて脳をハッピーな状態にすること**」。つねに脳を使うようにすれば、ドーパミンの減少スピードを遅らせることもできそうです。

では、どうすればドーパミンの減少を遅くできるのか、具体的な方法を紹介していきましょう。

●知らない道を歩く

慣れた道ではなく見知らぬ道を歩くことで好奇心や冒険心が高まり、ドキドキした気分になります。そのドキドキ感が、ときめく気持ちのもとになります。

●大きな声で歌う

お腹から大きな声を出すとストレス解消に役立つばかりでなく、酸素が十分に体に取り込まれ、血流やリンパの流れもよくなります。歌う曲はお気に入りの1曲でもいいのですが、新曲にチャレンジして新しい歌詞を覚えれば、脳のトレーニングにもなります。

●いい音楽を聴き、好きな映画を観る

音楽や映画に没頭しているとき、ドーパミンの分泌は盛んになりますから、時間のあるときには好きな作品を楽しんでください。

映画の場合は、アクションやサスペンスよりも、安心して観られるロマンチックなミュージカルや古典的な名作がおすすめです。

音楽では、落ち着いたジャズや懐かしい歌謡曲もいいのですが、脳波にα波を誘導してくれるクラシックはどうでしょう。とくにモーツァルトの「アイネ・クライネ・ナハトムジーク」を聴くと、ドーパミンの放出量が12％も増えるといわれていますから、試す価値はあるのではないでしょうか。

●マッサージや指圧を受ける

心身が思い切りリラックスしていることも、ドーパミンを増やすポイントになります。マッサージや指圧などで心地よい刺激を受けると、ドーパミンの分泌はますます盛んになります。

●アミノ酸を含む食品を摂る

アミノ酸の一種であるチロシンは、ドーパミンを増やす効果があります。チロシンを多く含むのは納豆などの大豆食品、バナナ、アボカド、アーモンド、鰹などです。

●緑茶を飲む

緑茶に含まれるテアニンが、ドーパミンを増やしてくれます。少しぬるめの緑茶を、くつろいだ気分で楽しんでください。

●お酒を楽しむ

適度なアルコールによってリラックスすると、ドーパミンは増加します。飲みすぎはいけませんが、ゆっくり時間をかけて好きなお酒を楽しむ程度ならいいでしょう。

●声を出して笑う

単純な方法ですが、笑うことはドーパミンを増やすのにとても効果的です。たとえつくり笑いでも、笑顔はドーパミンをつくるもとになります。さらに、笑うと幸せ伝達物質である「セロトニン」も分泌されますから、イライラやクヨクヨの解消には一石二鳥。笑う門には、やはり福がやってくるようです。

しつこい怒りがおさまらなくなったら

イライラやムカツキが爆発すると怒りになります。怒りは人間が持つ基本的感情のひとつですから、完全になくすのはまず不可能です。また、自分の仕事や才能に自信を持っている人は、要求レベルが高く、周囲がそれに応じられないために怒りを感じることも多くなります。

どこでイライラやムカツキに変わるかは、状況や人によってまったく異なりますが、仕事に集中しているときや重要な会議中は、すでに脳が興奮状態にあるので、いつも以上に爆発しやすくなっています。

ふだんは冷静な人が、会議で自分の意見や企画が通らないとわかったとたんに、顔を真っ赤にしてまくし立てたりします。それも、このためです。

いったん怒りが爆発してしまうと、交感神経系が活発になり、興奮がどんどん加速して、コントロールを失ってしまいます。そこで、爆発する前の対処が重要になります。

もし、**「もうそろそろ限界」と感じたら、その場で2、3回深呼吸してみましょう。**部下にミスを報告されたときも、その場ですぐに爆発したり怒鳴りつけたりせず、目をつむって深呼吸する……。たったこれだけのことでも、イライラやムカツキは減るはずです。

緊張していたりカッカしていたりするときに、周囲から「ゆっくり深呼吸してみろ」というアドバイスをもらった人は少なくないはずです。イライラやムカツキを感じているときの呼吸は浅くなりがちだからです。

呼吸が浅くなると、体内に取り込まれる酸素量が少なくなり、脳に行く血液量と酸素量も少なくなりますから、ますますイライラやムカツキが高じることになります。

こんなとき、**「腹式呼吸」**をすれば、新鮮な酸素が血液に取り込まれ、脳の働きが活発になって、冷静さを取り戻せます。

腹式呼吸は、横隔膜を伸縮しておこなうもので、夜、寝ているときは自然にこの呼吸法になっています。

それに対し、肋間筋を使う呼吸のことを「胸式呼吸」と呼び、ふだんはこちらの方法で呼吸している人がほとんどです。腹式呼吸をマスターしておけば、イライラやムカツキをコントロールできるようになります。

●腹式呼吸法と片鼻呼吸法

では、腹式呼吸のマスター方法を紹介しておきましょう。

❶ 仰向けになり、両膝を立てる。

❷ 両手を腹の上に置き、軽く息を吐いてから、ゆっくりと大きく息を吸い込む。このとき、お腹をふくらませながら深く静かに吸い込んでいく。もうこれ以上吸い込めないというところまで吸い込んだら、いったん息を止める。

❸ お腹をへこませながら、ゆっくりゆっくり息を吐き出していく。息を吸ったときの2倍くらいの時間をかけるつもりで吐くのがコツ。息を吸ったときにお腹がふくらみ、吐き出したときにお腹がへこむのを確認しながら続ける。

仰向けの状態での腹式呼吸に慣れたら、座った状態で練習して、それにも慣れてきたら、立った状態でもやってみましょう。

❶仰向けになり、両手をお腹の上に置いて両膝を立てる。

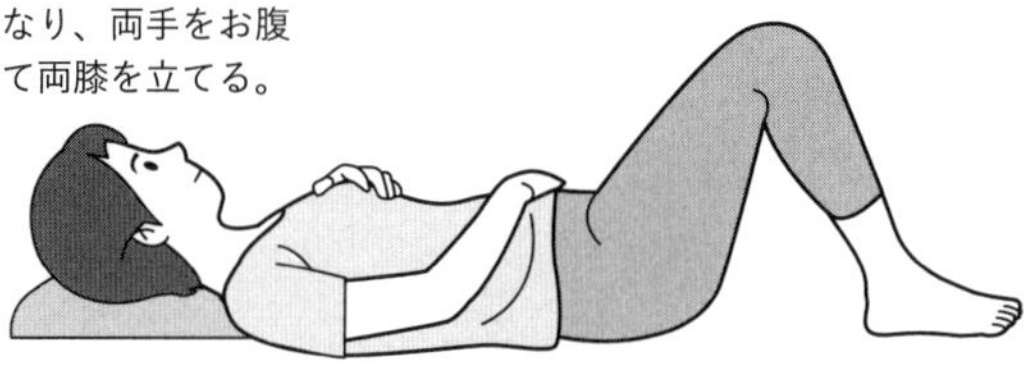

❷軽く息を吐いてから、お腹をふくらませながら深く静かに息を吸い込んでいく。

❸これ以上吸えないというところまで吸い込んだら、いったん息を止めてお腹をへこませながらゆっくりゆっくり息を吐き出していく。

もうひとつ、イライラやムカツキが爆発しそうなときに試してほしいのが「**片鼻呼吸法**」です。これは文字どおり、片方の鼻だけで呼吸する方法で、もともとはヨーガで利用されていました。

まず、右側の鼻孔をふさぎ、左の鼻孔だけで息を吐きます。次に「1、2、3、4」と心の中で数えながら息を吸い込み、今度は1から8まで数えながら息を吐きます。

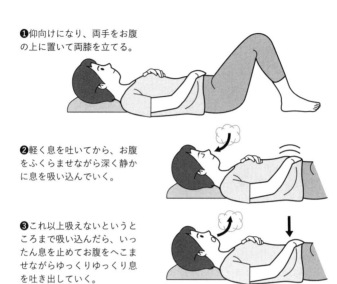

この呼吸法を3回繰り返したら、今度は反対側の鼻孔で同じようにします。慣れてきたら、右の呼吸と左の呼吸を1回ずつ交互にやってみましょう。

これを繰り返すことによって、イライラやムカツキから逃れることができます。


このような呼吸法で自分の気持ちをコントロールする一方、部下などを叱責する場合は、相手のイライラやムカツキを爆発させない気配りも必要です。大切なのは、なぜ怒っているのかという理由を相手にわかりやすく伝えること。怒られている理由を理解できれば、相手も「怒られてもしかたないな」と納得するので、爆発を防ぐことができます。

また、上司や先輩のなかには「みんなの前で叱ったほうが、周囲への示しにもなって効果的」と考える人もいますが、そんなことをすれば、相手はプライドを傷つけられたと感じて、イライラやムカツキを激しくするだけですから、注意が必要です。

なぜ叱責されているのかわからないなら、とりあえず相手の言い分をすべて聞くまで、じっと我慢しましょう。途中で言葉をさえぎると、相手のイライラやムカツキが爆発して怒りがあらわになり、こちらも冷静な対応が難しくなりがちです。

言いたいことをすべて言わせてしまえば、相手も落ち着いてイライラやムカツキが静まると思います。

ぐっすり眠れないのは当たり前と考える

若いころは、誰でも一度くらいは徹夜で勉強や仕事をしたことがあるでしょう。寝ているはずの時間を削ったわけですから、そのぶん、勉強や仕事ははかどります。

しかし、その代償は決して少なくなかったはずです。眠いのはもちろんですが、それよりも、感情が波立ってイライラしっ放しでつらかった……。そんな記憶はありませんか。

睡眠は脳の疲れを取るために欠かせません。それを省いたら脳の疲れが溜まって働きが悪くなるのは当然のことです。

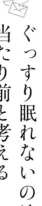

今までに何度も触れたとおり、シニアになると、万全の状態でも感情のコントロールを失うことがありますから、寝不足や徹夜をすれば、その影響は甚大です。

だから、睡眠時間はしっかり取りたいところですが、「熟睡できない」「すぐに目が覚めてしまう」という悩みを抱えている人がたくさんいて、私のところへ相談に訪れる人も少なくありません。

ただ、矛盾することを言うようですが、シニアになったら睡眠時間を心配しすぎることはないとも思っています。具体的には、**60代なら6時間少々、70歳を超えたら6時間以下でも十分**です。

この程度の睡眠時間が取れている人には「大丈夫。気にしすぎないでください」と話すことにしているのですが、「冷たい先生だ」といった表情を浮かべる人もいます。でも、厚生労働省の見解は、私の何十倍も厳しいものです。

「健康づくりのための睡眠ガイド2023」の「高齢者版」では、「成人では、短時間睡眠（睡眠不足）による健康への悪影響に注目されてきましたが、高齢世代においては、むしろ長時間睡眠による健康リスク（死亡リスク）のほうがより強く表れることが、多くの調査結果をまとめて解析した研究で示されています」として、7時間未満の短時間睡眠による将来の死亡リスクは1・07倍であるのに対し、8時間以上の長時間睡眠による将来の死亡リスクは1・33倍と著しく増加すると〝警告〟しているのです。

極端にいうと、長時間の睡眠は死に直結するということです。ここからは、**多くのシニアが気にしている睡眠不足は、不要な心配**ということがわかります。そのうえ、「眠れない」「もっと寝ないと」と考えすぎると、睡眠の質はますます悪くなりますから、気にしすぎないのがいちばんの良薬と考えましょう。

体にガタがくるのは自然の流れだと考える

私の知人のNさんは、70歳を過ぎるまでほとんど医者の世話になったことがない人でした。ある日、そんな彼が暗い表情で訪ねてきて、いきなり「オレはもうダメだ……」と言い出したのです。

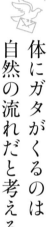

私はできるだけ平静をよそおって、「久しぶりに会ったというのに、いきなりダメだはないだろう。いったい、どうしたんだよ」と聞いたところ、次のような答えが返ってきました。

「ここ数年で急に体のあちこちにガタがきたんだ。歯が痛くて歯医者へ行ったら、『歯槽膿漏《のうろう》が進行していますね。左右の下奥歯は手遅れなので抜きましょう』と言われてガックリ。次に、左耳がよく聞こえなくて耳鼻科へ行ったら、『老人性難聴だから改善は難しいですね』と言われて、またガックリ。しかも『念のためにCTスキャンを撮ってみましょう』となって撮ってみたら、『脳の一部の血管が通常よりもかなり細いですね』と言われて、もう立ち直れないよ」

これを聞いて、私は吹き出しそうになるのを懸命にこらえました。

なぜかというと、このような体調変化は、どれもが70歳では「当たり前」と言っていいものだったからです。脳の血管が他の人よりも細いというのは年齢とは関係ありませんが、70年間その状態で不都合なく生きてきたなら、今さらそこまで不安になることなどないと思うのです。

そもそも、70年以上にわたって使い続けてきた体ですから、どんなに健康に見える人でも、検査をすればどこかで不具合が見つかるのがふつうです。

ところが、Nさんのように**「今まで病気ひとつしたことがない」という人は、体調に変化が出たり、不具合を指摘されたりすることに慣れていないため、加齢による通常レベルの変化にも強い衝撃を受けてしまいがち**なのです。

最近は、定年退職を機にフルコースの人間ドックを受ける人が増えていますが、この場合も、「血圧が高めです」「血糖値が少し高いですね」「聴力が衰えています」などの指摘を受けてもガックリこないでください。ある程度、血圧や血糖値が高かったとしても、今まで普通に暮らすことができていたのなら、心配しすぎる必要はないと思います。

不安にさいなまれすぎると、悪玉ホルモンが増加することはすでにお話ししたとおりで、その結果、ますます体調が悪化していくとなれば、せっかく受けた人間ドックも逆効果です。

たとえ、高血圧や糖尿病を指摘されたとしても、最近は良い薬があるので、生活習慣を改善して適切な薬をきちんと飲み続ければ、それ以上悪化する心配はほとんどありません。

もしかしたら、なかには人間ドックや健康診断でがんが発見される人もいるでしょう。その場合もあまり落ち込まないでください。現在は、がんも早期に発見できれば完治できる病気になっているのですから。

年齢を重ねれば、体のあちこちにガタがきたり、体調に変化が起きたりするのはある程度やむを得ないことです。そう考えていれば、何があっても穏やかな気持ちでいられるはずです。

イライラしたら
トイレに駆け込もう

「暴走老人」という言葉がすっかり定着してしまったようです。どうしてかというと、シニアがキレる事件が後を絶たないからでしょう。その原因のひとつとして**「感情の老化」**が挙げられます。

怒りというのは人間が持つ基本的感情のひとつで、大脳辺縁系と呼ばれる「古い脳」の部分で湧き上がります。この部分は、食欲や性欲、睡眠欲など動物が生きていくために欠かせない基本的な思考や本能をつかさどっているため、とても素早く反応します。

それでも町のあちこちで諍《いさか》いが起きずに済んでいるのは、その怒りを前頭葉が抑えているからです。ところが、この前頭葉は仕組みが複雑なこともあり、始動が遅れがちなのです。

そのうえ、脳の中で最も早く老化が始まる部分でもあるため、シニアになると抑止力も弱くなります。これが「感情の老化」です。こうして怒りの制御が難しくなる結果、些細なことでキレてしまうというわけです。

問題を起こしてしまったシニアの多くは、キレてから少したった後には「あのときは、ついカッとしてしまって……」と振り返って冷静に話すことができますが、これも始動が遅れていた前頭葉の働きが追いついてきたということなのです。

つまり、**怒りの原因から少し時間を置くことができれば、後悔をするようなキレ方をせずに済む**というわけです。

さらに言えば、怒りという感情は加速しやすい性質を持っています。きっかけは些細なことでも、口論するうちに脳の興奮が進み、怒りを制御できなくなってしまうので、早いうちに対処しなければなりません。

そのためにおすすめしたいのが、**キレそうになったらトイレに駆け込むこと**です。そうすることで前頭葉が怒りを抑えてくれるための時間稼ぎをするのです。排尿や排便をする必要はありませんが、空いているなら個室に入って便座に腰かけましょう。どうしてかと言えば、人間は狭い空間にいるほうがリラックスできるからです。

さらに言えば、トイレに駆け込めば、怒りを感じた対象から離れることもできるので、より冷静になれます。

トイレの場所がわからないところでキレそうになったときは、とりあえずその場で深呼吸するといいでしょう。深呼吸によって大量の酸素が脳に送り込まれるので、前頭葉の働きがよくなり、自制心が強くなります。

整理できなくなったら「老後うつ」を疑ってみる

知り合いから電話があって、「すぐ近くまで来ているので、ちょっと寄りたいのだけど」と言われたとしましょう。そんなとき、「もちろん、OKです。どうぞ、お待ちしていますので」と答えられるか、それとも散らかっているのであわてふためき、「うちに来ていただくのはちょっと……。私のほうが出向きますよ」などと言い、近くの店かどこかで会うか。

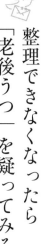

あなたはどちらのタイプでしょうか。「後のほう」と答えた人は要注意です。

実は、**家の中が片づいているかどうかは、心がすっきり整理され、安定しているかどうかを示す目安**になります。不用なモノが溜め込まれていたり、足の踏み場もないくらい散らかっていたりする人は、頭や心の中も取り散らかっていると見て、ほぼ間違いないでしょう。当然、ストレスも溜まっているはずです。そのまま放置しておくと、老後うつを発症させてしまうこともあり得ます。

孤独死をした人や、ひきこもりの人の部屋は、たいていモノで埋め尽くされています。さらにゴミも処分できずに、家自体がゴミ屋敷と化していることも稀ではありません。こういう人たちが老後うつを発症させていた可能性は少なからずあると考えられます。

あなたも、身のまわりをチェックしてみてください。

壊れた電気製品や家具をそのままにしていませんか？　もう何年も着る機会がないまま、クローゼットや押し入れにしまい込んでいる洋服はありませんか？　3、4着ならともかく、山のようにあったら、危険信号です。

身辺の整理ができていない人は、快適に暮らしていこう、気持ちよく生きていこうという気持ちが薄れているか、失われているのでしょう。ちょっと片づければいいものを、どこかで「もう、どうでもいい」と人生を投げてしまっているのです。こんな状態が続くと、ボケが高じたり老後うつを発症させたりしかねません。

では、そうならないためにはどうしたらいいかというと、少しだけでいいので身のまわりを片づけてみるしかありません。机のまわりとか、キッチンだけというように場所を限定すれば、それほど時間をかけずにけっこうすっきり片づくはずです。

そして、片づけが終わるころには「あれをやろう」「ちょっと駅前まで出かけてこよう」などと新しい意欲も湧いてくるのではないでしょうか。そうなれば、老後うつはあなたからどんどん遠ざかっていくことでしょう。

第4章

軽い運動と食事で元気な暮らしをあと20年！

「計るだけダイエット」は こんな効果も期待できる

毎日、体重計に乗るだけの「**計るだけダイエット**」という健康法があります。計るだけで、食事制限や運動などを求められるものではありません。「えっ、計るだけでいいの!?」と思われたシニアのあなた、今日からさっそく始めてみませんか?

最近は「体脂肪計付き」の体重計を使っている人も多いようで、これを利用すれば体脂肪も計れてしまいます。

血圧は、もともと気になる人、あるいは医師から要注意と言われた人は、すでに毎日記録しているかもしれませんね。それが習慣になっているのであれば、体重、体脂肪も記録していくといいでしょう。

しかし、**記録に残さなくても、毎日計れば、その瞬間は数値を強く意識します。**体重を減らしたいと思っているのであれば、500グラム増えたのを見て、「これはまずい！」と自然に食生活を気にするようになります。

「昨日は夕食が焼き肉だったから、つい食べすぎた」「ビール、飲みすぎたかも」「夜、小腹が空いて、お菓子に手を出したのがいけなかったんだ」などと、ひとり反省会が始まればしめたものです。

毎日こうして「気をつけよう」という制御が加われば、おいしいからといってなんでも口に入れて、気がついたら洋服がワンサイズ大きくなってしまったという事態は防げるはずです。

ただし、気にしすぎるのは考えもの。数値を気にしたほうがいいのは血圧の場合も同じですが、日々の数値に一喜一憂する必要はありません。

もちろん、診察を受け始めのころや、どの薬が合うのか経過を観察中のときはきちんと測っていただきたいのですが、多少高めでもそれが安定しているという状態ならば、ときどき測り忘れても問題ありません。

ちょっと血圧が高めだとすぐに不安になる人は、あまり健康意識に凝り固まらないでください。そうやって、「これは○○でなければならない」「あれもしてはいけない」と自分を縛ってしまうようでは、それがストレスとなり心身ともに健康的に過ごせなくなるからです。

そもそも私が健康法として「計るだけダイエット」に着目し、おすすめしているのは、**ちょっとくらいズボラでもいいから「できるだけ体重や血圧を計（測）ってほしい」**という思いがあるからこそです。

いずれにせよ大事なのは、気持ちに負担をかけないということです。

シニアにうってつけの入浴方法とは

年金暮らしをしているシニアのなかには、日々の生活費をギリギリまで切り詰めているという人が少なくありません。しかし、**体のことを考えたら、入浴にかかるガス代や水道代は、あまり切り詰めないこと**をおすすめします。

体の汚れを落とすだけなら、さっとシャワーを浴びるだけでも十分かもしれませんが、湯船に入らない生活が長くなると、体がリラックスできる機会を失い、知らないうちにストレスに弱くなってしまいます。せめて「半身浴」をしてみてはどうでしょうか。

半身浴は、みぞおちあたりまでお湯に浸かる入浴の方法です。肩までお湯にとっぷり浸かる〝全身浴〟が一般的ですが、それとは違い、体内の温度がゆっくり上昇して血流がよくなり、全身をリラックスさせられます。

リラックスした気分を感じているというのは、副交感神経が働き出して脳の緊張がほぐれている証拠です。

さらに、血流がよくなると、全身に新鮮な血液が循環し、脳だけでなく内臓の働きも活発になります。その結果、気力が充実してストレスに負けない体をつくることができるというわけです。

半身浴は、ストレスに負けず元気で暮らし続けるために、シニアにうってつけの入浴方法だと思います。ただし、効果を十分に得るためには、いくつか守るべきポイントがあるので紹介しておきましょう。

❶お湯の温度はぬるめの38〜40度。全身浴とは違い、入った瞬間に「ちょ

っとぬるすぎるかも」と感じるほどの温度ですが、それでよいのです。温度を高くしすぎると、リラックス効果が薄れてしまいます。

❷お湯の量は、湯船に入ったときに、みぞおちが浸かるくらいの高さで十分です。

❸入浴時間は最低でも20～30分は必要ですので、タイマーなどで計りましょう。じっとしているのが苦手な人は、雑誌や本などを持って入るのもいいですね。

❹入浴しながら手足をのびのび伸ばします。

上半身や顔から汗が噴き出してきたら、うまく半身浴ができている証拠です。

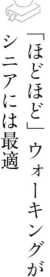

「ほどほど」ウォーキングがシニアには最適

憂鬱な気分を吹き飛ばし健康を維持するには、運動強度があまり高くなく比較的長時間続けられる「有酸素運動」が向いています。ウォーキングやジョギング、エアロビクス、サイクリングなど多岐にわたりますが、私がおすすめしているのは、「ほどほど」のウォーキングです。

日本初の歩数計が発売されたのは１９６５年のことでした。当時、１週間に７万歩歩くと健康増進に役立つというハーバード大学の研究結果があり、それをもとに厚生省（現・厚生労働省）がキリよく１日１万歩にして大々的な健康キャンペーンをおこなったのが始まりで、歩数計も「万歩計」とネーミングされ、「1日1万歩」が合言葉のように広まったようです。

ところが、それから60年近くたった現在、「1日1万歩の運動量は多すぎる」という専門家の報告があり、これまで毎日1万歩をめざして歩いてきた健康志向の中高年にも少なからずショックを与えました。

研究によると、**「運動のしすぎはかえって逆効果で、健康効果がないどころか免疫力を下げるリスクがある」**とのことですから、「過ぎたるはなお及ばざるが如し」のことわざどおり、歩けば歩くほど体にいいというのは、残念ながら間違いだったようです。

とくにシニアの場合は、年とともに関節や腰など弱い部分に痛みが出たり、無理なウォーキングで足の筋肉や靭帯を傷めたりする場合があるので、ある程度の年齢になったら、まずは自分の体をよくセルフチェックして、きちんとメンテナンスする必要があります。

スポーツ医によれば、「**中高年の望ましい運動量は1日合計8000歩程度のウォーキングと20分程度のストレッチや筋トレ**」ということです。これを目標値としてあまり疲れない程度に体を動かせばいいでしょう。

若いころからトレーニングを積んできたアスリートならまだしも、年を取ってからハードな運動に励むと、骨折や捻挫などのリスクが高くなります。リスクを回避するためにも、運動前後のストレッチはしっかりやるようにしてください。

●シニアにちょうどいいウォーキングのやり方

ウォーキングのやり方はいたって簡単。**散歩のときよりも少し背筋を伸ばして、若干速いペースで歩く**だけ。最初は1分間に80メートル前後のペースで歩き始め、慣れたら1分間に100メートル弱のペースに上げましょう。距離に目安はありません。173ページでも述べましたが、「1万歩」という数字にこだわりすぎていると、ストレスや無理の原因になります。**最初は、休憩時間を含めて30分ほど歩けば十分**です。慣れてきたら1時間程度まで延ばしてみましょう。

体調というのは毎日異なるので、いつもより短い距離や時間でも、気分が悪くなったり疲れてしまったりすることもあるでしょう。そんなときはすぐに休憩して、落ち着いたらゆっくり自宅に戻りましょう。

もし、足腰に負担がかかってつらいようならば、**ストックやステッキを両手に持って歩く「ノルディックウォーキング」にしましょう。**

「運動量が減ってしまうのではないか？」と心配かもしれませんが、上半身の筋肉を動かしてストックやステッキを使うために、実はふつうのウォーキングよりも運動量は多くなります。

ただし、注意していただきたいのは、自分が思っているほど足が動かないということ。年を重ねると当然、足の運びが遅くなります。とくに膝に故障があったり、足首を悪くしていたりすれば、なおさらです。

そうしたトラブルを抱えていなくても、シニアになれば筋力は衰えますから、若いころのような歩き方はできません。

年齢を重ねると、「自分が思っているほど足が動かない」→「よろけて転ぶ」→「骨折」→「うつを発症」となりがちです。自分では若いつもりでも、体は悲鳴をあげているのです。「無理は禁物」と心しておきましょう。

背筋を伸ばすだけで精神状態がグーンと変わる

ショーウインドーに映る人の姿を見かけ、「ずいぶん背中が曲がっている人がいるな」と思ったら、映っているのは自分だった……。そんな経験はありませんか。そしてそのとき、あなたは落ち込んだり悩みを抱えたりしていませんでしたか。

人の心理状態は、姿勢や歩き方にあらわれるものです。家族や友人などとの関係がうまくいっていないとき、精神状態がよくなくイライラ、クヨクヨすることが多いときなどは、自然とうつむきがちになります。

逆に、プライベートが充実していると、背筋がピンと伸びて、前を向いて歩いているものです。

背中を丸めて猫背気味に歩いていると、目線が下がります。これでは周囲に目がいかないので、歩くこと自体が危険です。足腰の筋肉が衰えているシニアなら、転倒の危険性も高まります。

いうまでもなく、背骨は私たちの体を支えるという重要な役目を果たしています。背骨の周辺には、心身の活動をコントロールする神経が無数に張り巡らされているので、**猫背の姿勢は、大切な神経回路に歪みを生じさせることにもなります。**

その歪みで最も影響を受けるのが**自律神経**です。自律神経の働きが悪くなると、病的な疾患がないにもかかわらず、全身の倦怠感、不眠、頭痛や息切れ、下痢、イライラなどの症状があらわれることもあります。

気持ちが沈んでいるときに、「はい、笑って」と言われても、ひきつったような笑い顔しかできないかもしれません。軽快に動いてと言われても、体がついていかないでしょう。でも、背筋を伸ばすくらいならできそうですよね。いってみれば「形から入る」といったところでしょうか。

背筋を伸ばせば気分はシャキッとするし、目線も自然と上向きになります。そんな簡単なことで……と思われるかもしれませんが、物は試し、へこんだときにでも一度やってみてください。想像以上にすっきりしますよ。

気持ちが沈んだときは腹式呼吸がおすすめ

ストレスを感じたときやイライラしたとき、あなたはどうしていますか。

１２２ページで紹介した深呼吸法も効果的ですが、じつは深呼吸は何度か繰り返しているうちに交感神経を高めてしまうことがあります。

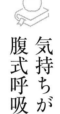

ご存じのように交感神経は、自律神経のうちでアクセル役を担っています。いってみれば、人を〝イケイケ〟のモードにするのです。そうなると心と体は緊張状態になります。だからこそ仕事などの成果は交感神経が優位のときのほうが上がるのですが、同時にストレスも過剰にかかることになります。

なので、〝仕事モード〟を求めていないシニアの方がストレスを感じたときやイライラしたとき、深呼吸一本槍というのはいかがなものかと思うのです。

では、2本目の槍としては何を持つべきなのでしょう。

私のおすすめは147ページでも紹介した「**腹式呼吸**」です。

多くの人は、昼間に活動しているときや緊張したとき、あるいはストレスを感じているときは、胸の筋肉を使った呼吸をしています。一方、寝ているときやリラックスしているときは、無意識のうちに腹式呼吸をしています。寝ているときに自然にやっている呼吸法ですから、決して難しいものではありません。

149ページのイラストを参考にして、まずは仰向けに寝た状態で練習してみましょう。

そして、慣れてきたら、座った状態でも試してみてください。正座でもあぐらでもけっこうです。肩の力を抜いて背筋を伸ばし、両手は膝の上に置いて、仰向けのときと同じ要領で呼吸を繰り返してみましょう。

最初は、呼吸に合わせてお腹がふくらんだりへこんだりしているのを確認するために、手をお腹に当ててもいいでしょう。もちろん、椅子にかけたままでもOKです。

座った状態でも腹式呼吸ができるようになったら、立った状態でもできるはずです。**いつでもどこでも腹式呼吸ができるようになれば、手軽にできる健康法をひとつマスターしたようなもの**です。

腹式呼吸は、吸うときも吐くときも、ゆっくり長く呼吸することで、新鮮な酸素をたっぷり体内に取り込むことができます。内臓の働きが活発になり、その結果、体調もよくなってきます。なかには日々の生活に腹式呼吸を取り入れることで、ウエストが引き締まったという人もいるほどです。

また、腹式呼吸をおこなうと、副交感神経が優位になります。交感神経がアクセル役なら、こちらはブレーキ役。**イライラしたりクヨクヨしたりしがちな人にとって、気持ちを落ち着かせる効果がある**のです。

昨今、「怒りの感情は6秒すれば消える」という説が注目を集めていますが、腹式呼吸も、数十秒でストレスやイライラを解消してくれるのです。

年齢とともに食事量が減るのは当たり前

「以前ほどメシが食えなくなった。オレももう年だからなぁ……」

先日、友人のH君（68歳）がややうなだれながら、愚痴とも嘆きともとれる口調で言いました。

心配になって「どれくらい食べているの？」と聞いたところ、

「ご飯でいうと、お茶碗3杯くらいかな。昔はドンブリに3杯はいけたから、ずいぶんと少なくなったもんだよ。どこか悪いところがあるのだろうか……」

昔から健啖《けんたん》家として知られていましたが、まさか今でもお茶碗に3杯もご飯を食べているとは……。私は笑いをこらえながら、「大丈夫、健康そのものだよ」と言ってあげました。

ほとんどの人が年を取るにつれて、食が細くなっていくのが一般的です。男性でもご飯をお茶碗1杯食べきれないという人もいるでしょうし、大好物だったはずの焼き肉を2～3切れ口にしただけで、もうたくさんという人もいます。

これを「昔はもっと食べられたのに」「なんでもおいしく感じたのに」などとネガティブにとらえ、不安を感じつつ、なんとか食べるように頑張っているシニアがいます。

でも、そんな必要はありません。

年齢とともに食が細くなっていくのは、胃腸の働きが弱くなったのと、基礎代謝量（呼吸や体温維持など、生きていくうえで最低限必要なエネルギー量）が減ったためです。たとえば、**50歳以上の男性の基礎代謝量は、6～7歳児の半分以下**なのです。

つまり、シニアになってからも若いころと同じものを同じ量食べていると、胃がもたれて体調を崩したり、体重がどんどん増えてしまったりするというわけです。

ですから、「頑張って食べよう」などと考えず、気に病むこともなく、**「小食ですむのだから、そのぶん高級な食材が買える」「食費が減るのはありがたいことだ」などと気楽に考えましょう。**

ちなみにH君には「まだまだ多いから、もう少し減らしたほうがいいのでは。とにかく、糖尿病には気をつけて」と付け加えておきました。

「粗食は長生きの秘訣」は本当か

頑張って食べようとする人がいる一方で、粗食にこだわる人もいます。

久しぶりに知人（女性）に会ったとき、ガリガリに痩せていてびっくりしました。彼女が76歳という高齢だったこともあって、「体調を崩しましたか？」と聞いてみたところ、

「とんでもない！　健康で長生きのためには粗食がいちばんと聞いたので、それを実践しているんです。肉は食べないで、魚は白身だけ。もちろん、料理は油を使わないで作っています」

それはちょっとやりすぎでは……と思ったら、それが顔に出たのでしょう

か。彼女からすかさず、

「だって、刑務所に入ると長生きするというじゃないですか」

という言葉が返ってきました。

おそらく、「刑務所の食事＝生きるために必要な最低のカロリー」とでも思い込んでいるのでしょう。しかし、現実には受刑者たちの健康を考慮してしっかり計算されていて、肉やサンマなどの脂がのった魚も提供されているそうです。


言うまでもなく、**極端な粗食は健康に害を及ぼします**。たとえば、貴重なタンパク源である肉の摂取量を減らしすぎてしまうと、筋肉量や筋力が減少して立ち上がったり歩いたりすることが難しくなります。これを**サルコペニア**といい、75歳以上のシニアの2割以上に症状が見られます。

サルコペニアは要介護になる可能性がある症状です。日常生活で頻繁につまずくようになったり、手をつかなければ立ち上がれなくなったりした場合は危険信号です。

食事制限をしている人も、多少は脂っこいものなどを食べるようにしてください。とくに**小食になってきたシニアにとっては、肉類の摂取も大切**です。

先述の儒学者・貝原益軒は、著書『養生訓《ようじょうくん》』に「人生はたった一度なのだから、大いに愉しむべき」と記しています。頑張りすぎたり禁欲しすぎたりするのは考えものということでしょう。

若返りの秘密はファミレスのモーニングにあった

いうまでもなく人間の主なエネルギー源は食べ物です。食べ物がなければ、生きていくことができません。また、食べ物の選び方が悪ければ、病気になることもあります。生活習慣病はその代表的なものです。

とはいうものの、食べることには「喜び」「楽しみ」という要素もあるため、「自分の好きなものばかりを食べてしまう」「必要以上に食べすぎてしまう」という傾向があります。

つまり、「きちんとした食生活を送らなくてはいけないと頭ではわかっていても、それを実践するのは簡単ではない」ということです。

それでも、家族のように何人もで食卓を囲むのなら、それぞれ食べるものの好みもあるので、必然的にさまざまな料理の食卓になります。また、お互いの目があり、それが食べすぎを抑制する力になります。

ところが、ひとり暮らしの場合は、自分の好みの料理が並び、何時に食べるのか、どれだけ食べるのかも本人の気持ちひとつで決まってしまいます。

とくに男性の夕食は注意が必要です。「枝豆とビール」「冷奴と日本酒」「焼き鳥と焼酎」のように、およそ夕食とは呼べないようなものを口にして、酒の勢いで寝てしまう人も少なくないようです。こんな食生活では、健康な体を維持することは難しいでしょう。

70代前半のMさん（男性）はひとり暮らしをするようになって2年目です。最近ぐっと若返ったと仲間内で評判になっているそうです。仲間のひとりが彼に若返りの秘密を尋ねてみました。

「そりゃあ、朝ごはんがいいからに決まっているよ」

と、Mさんは言います。

どんな豪華なものを食べているのでしょうか。そこでメニューを聞くと、

「トーストとか目玉焼きとか、塩鮭と味噌汁なんかだけど」

と、ごくごくふつうの答えです。


さて、このメニューのどこに秘密が隠されているのでしょうか。それは食べている内容ではなく、場所に関係がありました。じつはMさんは半年ほど前から、ファミリーレストランで朝食を食べることを日課にしていたのです。

それまでのMさんは、寝起きが悪く、朝食はコーヒーや日本茶だけですませていました。そのせいか、体をゆっくり休めているにもかかわらず、午前

中は眠気がなかなか取れず、ボーッとした気分で過ごしていました。

そこでMさんは、かかりつけの医師に相談してみました。すると、

「**朝ごはんは、しっかりと食べてください。そうしないと脳に栄養がいかないので、いつまでたってもぼんやりしたままなのです。それに、朝食抜きを続けていると、生活習慣病にもなりやすいのです**」

と言われたのです。

●ファミリーレストランを賢く利用する方法

さすがに医師にここまで言われたら、朝食をとらないわけにはいきません。

でも、朝はどうしても朝食をつくる気になれないのです。

そこで、しかたなく自宅から歩いて15分ほどのところにある24時間営業のファミリーレストランに足を運んでみました。

Mさんはそれまでファミリーレストランに足を踏み入れたことがありませんでした。Mさんは、ファミリーレストランは「若い家族連れや学生たちが行くところ」と思っていました。そのため、

「ひとりで行くと、変に思われないだろうか」

「自分が食べられるようなメニューがあるだろうか」

「年配の自分が店の雰囲気になじめるだろうか」

など、さまざまな不安を抱えていたのです。

しかし、店に入ったとたん、そんな不安はすぐになくなりました。

なぜなら、店内には幅広い年代の人がいて、それもひとりで食事をしている人がたくさんいたからです。

心配していた朝のメニューも充実していて、パン＋卵料理のほかにも、具だくさんのサラダセット、焼き魚と味噌汁と納豆がついた和風の朝食セット

なども用意されていました。

そして何よりうれしかったのは、スタッフの「いらっしゃいませ。おはようございます！」という元気いっぱいの挨拶です。ひとりで暮らしていると、外に出る以外は「おはようございます」を言う相手がいませんから、とても新鮮だったのです。

また、**自宅からレストランまで歩いたせいなのか、頭も体もすっきりと目覚め、メニューを見る頃にはお腹の虫がグーグーと鳴り出すほど**でした。久しぶりに「ああ、うまい」と思って朝食を食べることができました。

最近のMさんは、ファミレスのほかにも、牛丼のチェーン店、スタンドコーヒー店、近所の喫茶店など、モーニングサービスを提供している店を次々に開拓して、楽しみの幅がグーンと広がったそうです。

昼食や夕食を外食にすれば、そこそこの出費を覚悟しなくてはなりませんが、モーニングセットはサービスメニューとして提供している店が多いので、割安感があります。いろいろな意味で高齢者にとってもありがたい存在なのです。

食べ方次第で サプリ以上の健康効果

食欲の衰える60歳以降は、ビタミンやミネラルが不足しがちになります。だからといって、サプリメントに頼りきりというのは考えものです。毎日摂るものを決めていて、何種類もの錠剤を几帳面に飲んでいる人を見かけますが、こんなことに気を使っていたのでは、かえってストレスが溜まりそうです。

もちろん、効果の高いサプリメントもたくさんあるでしょうが、その前に食事のしかたや食品の組み合わせを工夫したほうが実用的で、しかも経済的です。

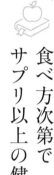

ほんのちょっとのアイデアで、食品の健康効果はぐんとアップしますから、まずは気軽に挑戦してみてください。

●緑黄色野菜＋油

ニンジンやカボチャに含まれるβカロテンは、本来吸収が悪いものですが、油と組み合わせることで吸収率が急上昇。油なしでは20〜30％程度の吸収率が、炒め物なら60〜70％にもアップしますから、緑黄色野菜＋油のコンビを習慣にしましょう。

●肉料理＋きのこ

ステーキや焼き肉など脂の多い肉類の付け合わせに最適なのが、シイタケやシメジなどのきのこ類です。きのこに多く含まれる食物繊維が脂の吸収を抑え、コレステロールの上昇も抑えます。こんにゃくやゴボウなど食物繊維の多い食品も肉料理と一緒に摂るのがおすすめです。

●ほうれん草＋レモン

ほうれん草などの野菜や卵、乳製品などに含まれる非ヘム鉄は吸収率が非常に低いため、ビタミンCを加えるのがおすすめです。料理にレモン汁をかけたり、食事と一緒にオレンジジュースを飲むだけでも鉄分が効率よく摂れます。

●豚肉＋ニンニク

ニンニクに含まれるアリシンが豚肉のビタミンB_1と結合し、その吸収をぐんと高めます。ビタミンB_1は糖質をエネルギーに変えるのに必要なビタミンで、アリシンはニンニクのほか、たまねぎやニラなどに多く含まれます。

●乳製品＋ナッツ

チーズや牛乳などの乳製品や小松菜、モロヘイヤなどの野菜は、多くのカルシウムを含んでいますが、カルシウムの働きを活かすにはマグネシウムが必要です。アーモンドなどのナッツ類や胡麻を同時に摂るのが健康効果を高めるコツです。

●マグロ＋山芋

山芋に含まれるムチンという成分が、マグロのタンパク質やＤＨＡの吸収を高めます。

●鮭＋バター

鮭に含まれるアスタキサンチンは、βカロテン以上の抗酸化作用を持つといわれる有効成分です。ビタミンEたっぷりのバターと摂れば、健康効果も倍増します。

このように、ふだん何気なく口にしている食品でも、食べ方や飲み方をちょっと変えるだけで、その健康効果は大きく変わります。ほんの少しだけ食材の組み合わせを意識するだけでいいのです。

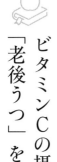

ビタミンCの摂取で「老後うつ」を遠ざける

年齢を重ねるとともに最初に老化し始める脳の領域が、どこだがご存じですか？　感情のコントロールをつかさどる「前頭葉」という部分です。

一方、怒りの源である脳の大脳辺縁系という部分はなかなか衰えません。

そのため、誰でも加齢とともに怒りの制御が難しくなってきます。

これが「感情の老化」と呼ばれることは前にお話ししましたが、早い人だと40代から始まると考えられています。キレるシニアは特定の人だけでなく、誰にでも起きる可能性があるのです。

また、放置しておくと、自己嫌悪などから老後うつを発症させることもあります。

では、感情の老化を防ぐ方法はあるのでしょうか？

残念ながら、完全に防ぐ方法は今のところ発見されていません。しかし、遅くする方法ならいくつかあります。

たとえば、**早起きもそのひとつ**です。

脳内物質のひとつである「**セロトニン**」は、精神活動に大きな影響を与える重要な物質で、不足すると感情の制御がうまくいかず、ストレス耐性が弱くなります。つまり、怒りっぽくなるということです。

そのセロトニンですが、朝日を浴びると分泌量が増加する性質があるとわかっています。早起きをして朝日を浴びる習慣をつけておけば、セロトニンが増えて感情を制御しやすくなるというわけです。

ビタミンCの摂取もおすすめです。なぜなら、抗ストレスホルモンの合成にはビタミンCが大量に使用されるからです。

ところが、なぜか人間は体内でビタミンCをつくることができません。ですから食品やサプリメントで摂取しなければならないのですが、多くの人が不足気味になってしまう傾向があります。とくに外食やインスタント食品を食べる機会が多い人は、ビタミンCが不足しがちです。

こうした状態でイヤな出来事に遭遇すると、抗ストレスホルモンを十分につくることができず、イライラが加速してキレやすくなり、挙句の果てに老後うつを発症させてしまうこともあり得ます。

ですから、ふだんからビタミンCを多く含む食品を摂るようにして、時にはレモンを丸のままガブリとかじる習慣をつけてはどうでしょう。

第5章

気をつけたい お金への対し方「老後の落とし穴」にご用心

経済的不安と
どう向き合うべきか

年金をもらう年齢が近づいてくると、自分が受け取る年金額についてのお知らせが届きます。その額を見て、多かれ少なかれ不安を覚えるのは当然というべきかもしれません。

厚生労働省によると、２０２４年度は国民年金（老齢基礎年金）の満額は月６万８０００円、夫婦２人分の標準的な年金額は月約23万円だそうです。

「この年金では足りない……」と、いくら嘆いてみても、天からお金が降ってくるわけはなく、その範囲でなんとか暮らし、足りない分は今までの蓄えを取り崩していくほかないのが老後の暮らしです。

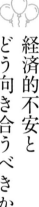

現役時代と比べると不安になるのもわからないではありませんが、住宅ローンや子どもの教育費など「人生の二大出費」はたいていの場合、終わっていることが多いでしょう。

「案ずるより産むが易し」というように、実際に年金暮らしを始め、半年もして慣れてくると、不安を口にする人はめっきり減ってくるようです。ようするに受け入れるしかないことを理解するのでしょう。

「カニは自分の甲羅に合わせて穴を掘る」という言葉もありますが、**人も自分の財布のサイズに合わせて、ちゃんと暮らしを軌道修正していく知恵を持ち合わせている**のだと思います。

なんとかやっていく。なんとかなる――。

これが年金暮らしの心得です。

「退職後に数千万円必要」という言葉に惑わされない

第1章でもお話ししましたが、日本人の平均寿命が初めて男女ともに50歳を超えたのは1947年のことでした。そして、現在の日本人の平均寿命は男女ともに80歳を超えています。つまり、驚くべきスピードで長寿を実現したわけです。

ところが、長生きはめでたいこととされてきましたが、やはりこれも「過ぎたるはなお及ばざるがごとし」なのでしょうか。お金のことを考えると、ご長寿を諸手《もろて》を挙げて歓迎するわけにはいかないという風潮が強くなっているようです。

最大の問題は、定年後にかかる資金です。

いくら必要なのかという話については、さまざまな本や雑誌で取り上げられています。

また、2019年には、金融庁の金融審議会市場ワーキング・グループが「老後の30年で2000万円不足する」という試算結果を発表したことから、「老後の2000万円問題」が起こりました。公表後、さまざまなところから「そんなにはかからない」といった声が発せられましたが、なにがしかのまとまったお金が必要になるのは間違いありません。

しかし、だからといって、退職後にお金を増やそうという焦りが危険なことは言うまでもありません。

では、どうすればいいのでしょうか。

答えは簡単です。**「退職後に数千万円必要」と聞こえても動揺や不安を見せず、「ない袖は振れない」と応えればいい**のです。

たしかに、お金がたくさんあればぜいたくな老後を送れるでしょう。しかし、それで幸せが買えるのかというと、大いに疑問が残ります。

それは、「世界幸福度報告書」を見てもよくわかります。この報告書は毎年、国際幸福デーの3月20日に、国際的な研究組織である「持続可能な開発ソリューション・ネットワーク」（SDSN）が世界の国の幸福度を発表しているもので、2023年版では日本は世界137か国中47位でした。前年の54位よりもわずかに順位を上げましたが、主要7か国（G7）のなかでは最下位でした。

上位には、フィンランド、デンマーク、アイスランドといった社会保障が充実していることで知られる国が並びますが、ルクセンブルク（9位）、アイルランド（14位）、リトアニア（20位）などのように日本よりもはるかに所得（GDP）の低い国の名もたくさん出てきます。つまり、お金があるからといって幸せが買えるわけではないということです。

こうした国の幸福度が高いのは、多少生活費が不足気味でも、それでやっていくほかはないと理解しているためではないでしょうか。

そうなれば腹も決まってきます。それなりのやりくり、暮らし方を身につけて生きるようになるでしょう。そして、そのなかで幸せを見つけているのです。

収入が少ないのなら、与えられた枠の中でどう暮らしていくか。そのやりくりをしてみせるのが、長年の人生経験の発揮しどころでしょう。

そのコツのひとつが「足るを知る」という生き方ではないでしょうか。あれも欲しい、これも欲しいと考えていたらきりがありませんが、「今のままで十分」だと思えば、不足も不満もなくなります。

「貧乏でも満足している人間は金持ち、それも非常に金持ちです。しかし、大金を持っている人でも、いつ貧乏になるかと恐れている人間は冬枯れのようなものです」

これは、ウィリアム・シェイクスピアの言葉です。

古代中国の哲学者、老子も「足るを知る者は富む」と言っています。「満足することを知っている者は、たとえ貧しくても精神的には豊かで幸福だ」という意味です。

退職金が予想よりも少なかったとしても、不満を言ったり不安を感じるのではなく、「その額で楽しく暮らせる方法を考えられるのが賢人」ということでしょう。お金について不安が生じたら、こうした言葉を思い出してみてはいかがでしょうか。

退職金は「増やそう」ではなく「減らすまい」で

退職金は会社勤めをしていた人にとって、生涯で受け取る最も多額のお金ではないでしょうか。

ところが、それがまるまる手元に残る人はあまりいません。とくに多いのが、住宅ローンや子どもの教育ローンを清算しなければならないという人です。その結果、手元には2分の1～3分の1程度しか残らないケースもあるようです。

これからの生活に不安を感じて、この〝虎の子〟をなんとか増やそうと考える人が出てくるのも当然でしょう。

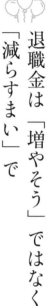

しかも、銀行や証券会社は「お金の教養セミナー」や「はじめての投資教室」などといった講座をさかんに開き、「退職金の運用はぜひ当行（当社）で」と誘ってきます。

これは、ある男性の話です。大学卒で就職して以来、40年近く技術畑で仕事を続けてきた真面目な人物です。

彼は去年の3月に定年退職しました。これからは時間に縛られず、奥さんと海外旅行でも楽しむのだろうな……と、半ばうらやましく思われていたのですが、実は退職してから1年もたたないうちに、なんと退職金のほとんどを使い果たしてしまったというのです。

「一部上場の会社に定年まで勤めていたのだから、かなりの額の退職金をもらえると思っていたけれど、実際には2500万円にもなりませんでした。

そこで、投資で増やすことを考えたのです」

彼にはこれまで投資経験などありませんでしたが、インターネットの掲示板やSNSなどに「1か月で2000万円儲けた」「こんなに儲かるのに、やらないのはバカ」などといった書き込みがたくさんあったので、「自分にもできるはず」「他人にだけ儲けさせるわけにはいかない」と思い、自分で勉強しながら投資を始めたそうです。

ところが、なぜか失敗の連続。インターネットに「必ず儲かる」と書いてあった株を買えば大暴落するし、その失敗を取り返そうと焦るあまり、残った退職金のほとんどをつぎ込んでしまったといいます。

周囲は大いに呆れましたが、少し安心したのも事実です。なぜなら、この男性があっけらかんとしていたからです。「退職金をほとんど使い果たしてしまったというのに、なんでそんなに明るくいられるの?」と聞く人もいました。

「住宅ローンは完済したし、すでに子育ては終わっているから、教育費もかからない。極端な話、毎日食べる分のお金と死んだときの葬式代さえ残っていればいいわけですから、再就職して働いています。家でぼんやりしていると認知症になる確率が高くなるというから、こっちのほうがいいかなと思っています。もちろん、奥さんはカンカンですけど」

負け惜しみに聞こえるかもしれませんが、この言葉には真理もあるようです。どこが真理かというと、**「定年退職後に、お金はそれほど必要がない」**という点です。

実際、定年退職を迎えた人のほとんどは、すでに子育てが終わっているはずです。それなら教育費もかからないし、新しい家を建てる必要もありません。つまり、退職金が予想より少なかったとしても、それを無理に増やす必要はないわけです。

相場の上げ下げに一喜一憂する生活は、心身に大きなストレスを与えます。その結果、寿命が短くなってしまったというのでは、たとえ資産を増やすことができたとしても意味がありません。

「儲けた」という話の裏には2~3倍の損が隠れている

そもそも、老後の生活資金を増やすために、それほどのハイリスクを負う必要があるのでしょうか。たしかに、銀行の金利は雀の涙ほどしかつきませんが、よくある投資話の多くは、元本が保証されていません。1000万円が一夜にして100万円になってしまうこともあり得るわけです。

「でも、インターネットの掲示板や雑誌などでは、儲かった話ばかり。私だってきっと儲かるはず」

このように考える人も少なくないようです。

しかし、人間というのは成功した話だけを語りたがるものです。「損をした」

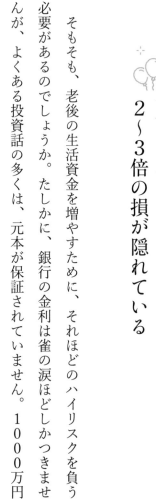

という失敗談ではみんなに自慢できませんから、掲示板や雑誌には成功談ばかりが掲載されることになります。

また、人は「ゼロサム」という考え方をするものです。ゼロサムとは、一方の利益が増えると、他方の利益が減ることです。つまり、誰かが儲けると自分が損したと感じることがあるのです。しかし、冷静に考えれば、これがおかしな考え方であることは簡単にわかります。

このような考え方にとらわれてしまうと、「他人にだけ儲けさせておくわけにはいかない」という気持ちが強くなって、思わぬ失敗を犯すようになります。最悪の場合、老後破産というケースもあるのです。

「取り残されている」「みんながやっているから」という理由だけで投資を始めてはいけません。「やらないと損してしまう」という焦りが強くなったら、**「みんなは流されているだけ。私は彼らのように弱い人間ではない」**と心の中で繰り返してみましょう。すると、焦りの気持ちを鎮められます。
「○○で△万円儲けた！」という自慢話を見聞きしたら、その金額を2〜3倍にして、「ああ、この人は今までに×万円損しているのだな」と頭の中で考えるのもいいでしょう。

とにかく、かつてのバブル時代と今とでは状況が違うことを理解しましょう。

また、先ごろ、日経平均株価がバブル時代を上回り、史上最高値をつけましたが、儲けているのはごく一部の海外機関投資家が中心のようです。付和雷同は厳に慎みましょう。

定年退職し、「老後」という第二の人生を送ろうというあなたは、**「リスクを負ってでもお金を増やすことが是」ではなく、「今ある手持ちの資金を温**

存し、それに見合った生活を考えるのが是」と考えるべきではないでしょうか。

過ぎてしまったこと、取り返しのつかないことをいつまでもクヨクヨ考えていると、メンタルまでやられて健康を害してしまいます。さっさと切り替えましょう。

あれこれ人と比べるから心が暗くなる

人間にとっては、競争心やライバル心がやる気の原動力となり、いい結果をもたらすこともあります。とくに若いころは、「あいつにだけは負けたくない！」「彼女よりもっと輝きたい」などというギラギラした気持ちをパワーにして、努力を重ね、栄光をつかんだ人もいるはずです。

しかし、**ある程度の年齢になっても、自分を誰かと比べるクセが残っているようなら、それは改めたほうがいい**でしょう。

とくに嫉妬や妬みは散財につながることがあります。「あの人が買ったから」と同じ商品を手に入れようとするなど、つまらぬ気持ちは早く手放して

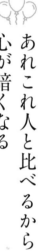

しまいましょう。それが、充実した人生を手に入れる近道だからです。

ところが、厄介なことに人間は年を重ねるほどにひがみややっかみといった気持ちが強くなりがちです。

たとえば、50代や60代ともなると、自分の現在や将来が、ある程度見えてきます。「いつか自分も……」というわけにはいかないと認めざるを得ない状況もあるでしょう。そんなとき、つい他人と自分の暮らしぶりを比較して、嫉妬の炎をじりじりと燃やしたりしてしまうのです。

「隣の家は毎年、家族で海外旅行に行っているのよ。うらやましいわね」

「うちの子はまだ内定ももらっていないのに、あちらの息子さんは、もう第一希望の会社への就職が決まったんですって」

といった話は、いたるところで聞かれます。

ふつう、年齢を重ねれば感情の起伏が小さくなって、温厚になると思われがちですが、自分自身の心をコントロールする方法を身につけておかなければ、年を取ってからも心の葛藤は続きます。その挙句にうつを発症させてしまうことも少なくありません。

しかし、**他人との比較で自尊心を傷つけたり、意味のない優越感で自己満足をしても空しいだけで、何も得るものはありません。「人は人、自分は自分」と決めて、頭を切り替えるほうが賢明**でしょう。

どうしても他人が気になる人は、積極的に無関心を心がけましょう。

よくよく考えてみれば、他人の家がたくさん貯金を持っていようが、子どもが優良企業に就職しようが、こちらの生活に何も影響はありません。関心を持とうが持つまいが、他人の人生も、自分の人生も変わらないのです。そう考えれば、意外とあっさり無関心になれるのではないでしょうか。

週刊誌のゴシップ記事も、読まなければまるで気にならないのと同じで、「人は人、自分は自分」を貫けば、心が驚くほど軽くなります。

こうして気持ちをすっきりと整理したら、もう余計な関心も嫉妬も捨てて、マイペースで我が道を歩いていくだけです。

もちろん、それでも他人の芝生が青く見えてしまうことがあるかもしれませんが、よく考えれば、人間の境遇など、いつどうなるものかわからず、誰もが「明日は我が身」なのです。

そう理解できれば、あとは自分の境遇を肯定して、のんびりいけばいいわけです。

言い尽くされた言葉ですが、「上を見ても、下を見てもキリがない」と理解できれば、他人との比較がどんなに意味のないことか、よくわかりますね。

あるフランス人に「日本人は世間体を気にする」という話をしたら、「それなら、あなたが困ったときに、世間はあなたをどのように助けてくれるのですか?」と聞かれ、返事に困ったことがあります。

どうですか、他人の暮らしを気にしたり、自分と比べたりしても、いいことは何もありませんね。とくに老後は、他人の生活に干渉せず、マイペースで自由に暮らすことを基本にするべきだと思います。

世界的な大金持ちの不幸な晩年は何を教えているのか

「老後を快適に過ごすために、お金はたくさんあるに越したことはない」

「たいがいのものはお金で買える。もちろん、健康だってある程度はなんとかなる」

悲しいことに、いまだにこのような拝金主義をモットーにしている人が少なからずいるようです。

きれいごとを言うつもりはありません。たしかに、生きていくためにはある程度のお金は必要です。しかし、「お金がたくさんあれば幸せに暮らせる」という考えは間違っていると思います。

そのよい（残念な）例がアリストテレス・オナシスです。一度や二度、名前を聞いたことがあるかもしれませんが、「20世紀最大の海運王」といわれる人物です。

難民としてギリシャに移住したオナシスは、海運業界で成功した後、航空業界にも進出して世界的な大金持ちになりました。

ところが、彼の晩年はお世辞にも幸せとはいえないものでした。

彼が幸せを感じられなくなったのは、欲しいものは何でも手に入るようになってしまったためだといわれています。**「欲しいもの」は手に入るまでが楽しいのであり、実際に手に入れてしまうと興味が薄れてしまう**もの。オナシスは巨万の富を得たばかりに、「手に入れる楽しみ」を失ってしまったわけです。

そのうえ彼は、年を重ねるにつれて深刻な人間不信に陥りました。「誰もが自分からお金をせびろうとしている」としか思えなくなり、「いつかきっと、身代金目当てに妻子が誘拐されるに違いない」という被害妄想にさいなまれ、誰も寄せつけない孤独な晩年を送ったといわれています。

オナシスは69歳という、それほど長寿とはいえない年齢で亡くなってしまいました。もし、「幸せや健康もお金で買える」というのが本当なら、もっと幸せな晩年を過ごしていたことでしょう。「お金がなければ幸せな老後を送れない」などと焦る必要はないと思うのです。

だからといって「清貧であれ」などと言うつもりはありませんが、私の先輩がおもしろいことを言っていたので、参考になればと思い紹介しておきます。

「80歳を超えると、いつ死んでもおかしくないんだ。だから、朝、目が覚めただけでも『**ああ、生きている。なんて幸せなんだろう**』って思える。幸せを感じるのにお金なんかいらないってことだ」

繰り返しになりますが、お金がいくらあっても幸せは買えるものではありません。

大声で笑って「うつ」な気分とさよなら

精神科医として、診察にやってきた患者さんが「うつ」かどうかを判断するのはそう難しいことではありません。質問をすればいいのです。

どんな質問だか見当がつきますか。

その質問とは……。**「最近、大笑いしましたか?」**と尋ねることです。ポイントは「軽い笑い」ではなく、大声で「わはは」と笑ったかどうかです。

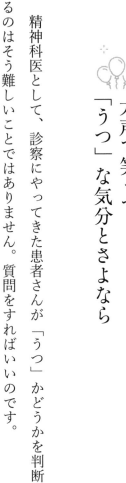

これに「ノー」と答えた人は、うつである可能性があるといえます。

たしかに、感情が落ち込んで憂うつな気分のときは、お笑い番組を見ても大笑いなどできません。でも、その心理の裏を返せば、大笑いすれば、多少の「うつ」や鬱々とした気分は吹き飛ばせるということです。

では、なぜ大笑いに「うつ」を吹き飛ばす効果があるのでしょうか。

大笑いしたときのことを思い出してみてください。お腹が痛いのを我慢して笑っていたはずです。お腹が痛くなるのは腹筋を限界近くまで使って腹式呼吸をしたためです。

腹式呼吸が健康にいいのはいうまでもありません。腹式呼吸をすると、肺に大量の空気を取り込むと同時に、全身の血流がよくなり、脳に新鮮な酸素と栄養が大量に送られるのです。

実は、脳は大食漢の臓器で、体重比では全身のわずか2%足らずなのに、酸素の消費量は全身の20%にも達します。ですから、ちょっとしたことで脳は酸素不足に陥ってしまうのです。

「うつ」や鬱々とした気分というのは、脳の働きが低くなっているために生まれる感情の不調ですから、酸素不足の状態が続くと、より陥りやすくなります。

しかし、大笑いして大量の酸素と栄養が送られて脳が元気を取り戻すと、感情の状態も改善します。

さらに、**大笑いすると脳内に善玉ホルモンのひとつであるオキシトシンが充満する**ことがわかってきました。「幸せホルモン」とも呼ばれるこのオキシトシンが脳内に分泌されると幸せな気分になり、悩みや不安も吹き飛んでしまうというわけです。

シニアには不安や悩みが少なからずありますから、ちょっとしたきっかけで気分が落ち込みがちです。それを「うつ」や「うつ病」に発展させないためには、どうしたらいいのでしょうか。

身近なところでは、おもしろかった映画やテレビ番組などを録画保存しておいて、「なんだか気分が落ち込んでいる」と思ったときに、その映画や番組を見るという手があります。

不思議なもので、おもしろい映画や番組は、何度見てもあなたを癒してくれるでしょう。

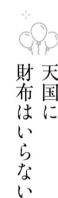

天国に財布はいらない

第一線を退いた生活に入ると、急に人づき合いが悪くなったり、家から出なくなったりする人がいます。

「誰かと会えば、お茶だ、お酒だとなって、何かと金が出るからなあ」

「外に出て一銭も使わないなんてあり得ないでしょう。万が一のときに困らないように、出費は最小限に抑えないと」

「家にいてテレビを見ていれば、お金は出ていかないからね」

たしかに、この先どうなるかわからないのに、現役のときと同じ感覚で飲み食いをしたり遊び歩いたりするわけにはいかないでしょう。また、年齢を重ねると誰でも、守りの姿勢が強くなる傾向があるので、こういった気持ちになるのもわからないでもありません。

しかし、ただ家でじっとして、万が一のときに備えているのがいいのでしょうか。せっかく働き詰めの生活から解放され、自由でのびのびとした老後を送れるのに、今度は、いつくるかわからない万が一のときに備えて禁欲生活をするのでは、あまりに寂しくないでしょうか。

もしかすると、蓄えを使う前に動けなくなってしまうかもしれません。それでは、頑張ってきた日々の意味がなくなってしまいます。

老後の人生でいちばん大切なのは「楽しみ」です。これがなければ、毎日がいたずらに長く、生きることさえ苦痛になってしまいます。人間の脳は、年を取ると「創造力」や「意欲」がまず減退していくともいわれています。

ですから、老後の人生も半ば過ぎまできて、先の見通しがつき、「そろそろお金を使っても大丈夫になったな」と思っても、そのときにはすでに楽しむ心も意欲もなくなっているかもしれません。

たしかに、できるだけ出費を抑える努力をするのは大切です。しかし、**自分の楽しみのために支払うお金は「必要経費」**と考えたらいかがでしょうか。楽しみと生きがいは比例しますから、生きる力のために支払う代金だと思えば、納得できるのではないでしょうか。

虎の子を守るために生きるのか、楽しむために生きるのか……。考え方は人それぞれです。ただし、「天国に財布はいらない」「お金は天国に持っていけない」ということだけは忘れずにいたいところです。

〈主要参考文献〉

- 『シニアのためのゆるっと感情ストレッチ』保坂隆（祥伝社）
- 『生涯現役の脳をつくる方法』保坂隆（知的生き方文庫）
- 『しつこい「イライラ」「ムカツキ」が消えてなくなる本』保坂隆（日文新書）
- 『頭がいい人、悪い人の老後習慣』（朝日新聞出版）
- 『贅沢な節約生活』保坂隆（朝日新聞出版）
- 『精神科医が教える　50歳からのお金がなくても平気な老後術』保坂隆（だいわ文庫）
- 『精神科医が教える　百歳人生を退屈しないヒント』保坂隆（だいわ文庫）
- 『精神科医が教える　お金をかけない「老後の楽しみ方」』保坂隆（ＰＨＰ文庫）
- 『精神科医が教える　人生をもっと楽しむ「老後の学び術」』保坂隆（ＰＨＰ文庫）
- 『精神科医が教える　心が安らぐ「老後のシンプル生活術」』保坂隆（ＰＨＰ文庫）
- 『精神科医が教える　ちょこっとずぼら老後のすすめ』保坂隆（海竜社）
- 『ちょこっとずぼら老後は楽しい！』保坂隆（海竜社）
- 『精神科医が断言する「老後の不安」の9割は無駄』保坂隆（ＫＡＤＯＫＡＷＡ）
- 『老後を楽しみたけりゃイライラ・クヨクヨは捨てなさい』保坂隆（経済界）
- 『「ひとり老後」の知恵袋』保坂隆（明日香出版社）

〈著者〉

保坂隆（ほさか・たかし）

1952年山梨県生まれ。保坂サイコオンコロジー・クリニック院長。慶應義塾大学医学部卒業後、同大学精神神経科入局。1990年より２年間、米国カリフォルニア大学へ留学。東海大学医学部教授（精神医学）、聖路加国際病院リエゾンセンター長・精神腫瘍科部長、聖路加国際大学臨床教授を経て、現職。また実際に高野山大学大学院で密教学修士号を取得するなど仏教に造詣が深い。
著書に『「ひとり老後」の知恵袋』『「ひとり老後」のお金の知恵袋』（以上、明日香出版社)、『精神科医が教える 心が軽くなる「老後の整理術」』『精神科医が教える お金をかけない「老後の楽しみ方」』（以上、ＰＨＰ研究所)、『人間、60歳からが一番おもしろい!』『精神科医が教える ちょこっとズボラな老後のすすめ』『精神科医が教える 繊細な人の仕事・人間関係がうまくいく方法』（以上、三笠書房)、『精神科医が教える 60歳からの人生を楽しむ孤独力』『精神科医が教える 50歳からのお金がなくても平気な老後術』『精神科医が教える すりへらない心のつくり方』（以上、大和書房)、『頭がいい人、悪い人の老後習慣』（朝日新聞出版)、『精神科医がたどりついた「孤独力」からのすすめ』（さくら舎）など多数。西崎知之氏との共著に『あと20年！ おだやかに元気に80歳に向かう方法』『おだやかに80歳に向かうボケない食生活』（以上、明日香出版社）がある。

ブックデザイン　白畠かおり
イラスト　坂木浩子／青木宣人
編集協力　幸運社／寺口雅彦（文筆堂）
ＤＴＰ　東京カラーフォト・プロセス株式会社
校正　株式会社東京出版サービスセンター
編集担当　池上直哉

60歳からは悩まない・迷わない・へこまない
精神科医だから知っている
「老後うつ」とは無縁の暮らし方

著　者　保坂 隆
編集人　栃丸秀俊
発行人　倉次辰男
発行所　株式会社主婦と生活社
〒104-8357　東京都中央区京橋 3-5-7
Tel 03-5579-9611（編集部）
Tel 03-3563-5121（販売部）
Tel 03-3563-5125（生産部）
https://www.shufu.co.jp
製版所　東京カラーフォト・プロセス株式会社
印刷所　大日本印刷株式会社
製本所　小泉製本株式会社

ISBN978-4-391-16196-0

＊十分に気をつけながら造本していますが、万一、落丁・乱丁の場合はお取り替えいたします。
お買い求めの書店か、小社生産部までお申し出ください。